T0300971

Printed in the United States
By Bookmasters

التجارة الإلكترونية

وأثرها على الأداء الاستراتيجي

تأليف

الدكتور/باسم أحمد المبيضين

المملكة الأردنية الهاشمية
رقم الإيداع لدى دائرة
المكتبة الوطنية
(2009/6/2824)

382
المبيضين ، باسم أحمد
التجارة الإلكترونية وأثرها على الأداء / باسم أحمد مبيضين
عمان : دار جليس الزمان 2009.
ر.أ.: (2009/6/2824)
الواصفات : / التجارة الإلكترونية//التجارة الدولية//شركات الإتصالات

- أعدت دائرة المكتبة الوطنية بيانات الفهرسة والتصنيف الأولية

ردمك ISBN 978-9957-81-011-5

الطبعة الأولى
2010
الناشر
دار جليس الزمان للنشر والتوزيع
شارع الملكة رانيا- مقابل كلية الزراعة- عمارة العساف- الطابق الأرضي, هاتف:
009626 5343052 -- فاكس 0096265356219

المقدمة

أصبح العصر الذي نعيش ونتعايش معه عصراً رقمياً في ظل انتشار الإنترنت بشكل هائل، وخلال السنوات الأخيرة أصبح التغيير سمة أساسية شاملة لكافة جوانب الحياة لاسيما وفي ظل التطورات الهائلة والمتزايدة والمتسارعة في عالم الاتصالات وتقنية المعلومات، وبما أن التغيير عملية تؤثر في كافة الجوانب فأن هذه التطورات رسمت آثارها على الجوانب الاقتصادية والاجتماعية والسياسية وغيرها مما حتم عل مختلف المنظمات التي تعمل تحت مظلة القطاع الخاص أن تعمل على ترتيب نفسها وإعادة النظر في هياكلها الإدارية وفي استراتيجياتها المختلفة وإعادة هندسة أعمالها، حتى تستطيع مواكبة هذه المتغيرات والتطورات المختلفة وفي شتى المجالات وهذا ما ينطبق على منظمات شركات الاتصالات في المملكة الأردنية الهاشمية والتي أصبحت بعد دخول الأردن في منظمة التجارة العالمية وانتهاج الحكومة سياسة تشجيع الاستثمار والسماح للمستثمرين العرب والأجانب الاستثمار في الأسواق الأردنية، فكيف إذا كان هذا الاستثمار ملحوظ ومتزايد في مجال حيوي وهام وسريع التطور ويعتبر عصب التنمية وهو مجال الاتصالات وتقنيات المعلومات، ومن هنا أخذت شركات مجموعة الاتصالات الأردنية على عاتقها إعادة النظر في الاستراتيجيات المستخدمة داخل كينونتها من أجل المنافسة والنمو وتبؤ مركز الصدارة بين شركات الاتصالات وتقنيات المعلومات ليس على المستوى المحلي فحسب وإنما يتعداه إلى المستوى الإقليمي والدولي، ومن الاستراتيجيات التي تعمل على إنتاجها استراتيجيات التغير، والجودة الشاملة، والهندسة الإدارية والهندسة الإلكترونية، منطلقة بذلك إلى التجارة الإلكترونية، محاولة الانتقال من الوضع التقليدي إلى الوضع الإلكتروني عبر شبكات الإنترنت، والتسويق المباشر رغبة منها في رفع كفاءة وقدرة المنظمة في مجال التسويق، وإعادة ترتيب المنظمات وإعادة تعريفها و بما يتناسب والمرحلة الحرجة القادمة وتعزيز الأداء الاستراتيجي لهذه المنظمات وذلك من خلال استخدام شبكات الإنترنت، كيف لا وهي تمتلك عصب شبكات تبادل ونقل المعلومات ولديها البنية التكنولوجية اللازمة لذلك، وذلك في تسويق خدماتها ومنتجاتها وتسويق نفسها إن صح التعبير، وزيادة ربحيتها وحصتها السوقية وتعزيز ميزتها التنافسية ومركزها الاستراتيجي، وإعادة تعريف المنظمات في مجال قدرات المنتج أو إعادة طرح نماذج جديدة للأعمال وصولاً إلى تعزيز قدرتها التنافسية وفتح قنوات اتصال مباشرة ومع شركات أخرى في مختلف دول العالم من جهة، وقنوات اتصال مع زبائنها في كافة أرجاء المعمورة

من جهة أخرى، وذلك حرصاً منها للوصول إلى أكبر شريحة من الزبائن والاستقرار في أذهانهم بما تقدمه من خدمات ومميزات، وتحسين أدائها ورفع كفاءتها التنظيمية وعلى مختلف المستويات والأصعدة.

الفصل الأول

أدبيات الدراسة

الفصل الأول

المبحث الأول

التجارة الإلكترونية

مفهوم الأعمال الإلكترونية:

لقد شهدت المنظمات العامة والخاصة نقلة كبيرة في أعمالها الإلكترونية، تمثلت باستخدام الحاسب وقواعد البيانات وشبكات الاتصال، بالإضافة للوسائل التكنولوجية الأخرى التي ساهمت في وجود نظام معلومات يعتمد بشكل أساسي على استخدام الحاسب. وأن التطورات المختلفة في مجال التكنولوجيا والاتصالات بالإضافة لازدياد أهمية المعلومة مع الزمن أدى إلى تغير مفهوم نظام المعلومات من فترة لأخرى فقد اقتصرت بعض التعريفات على بيان عمل الأعمال الإلكترونية بغض النظر عن التطور الذي واكب هذا العمل، فيعرفه(Kroeber & Hughj)[1] بأنه "تنظيم لعملية تزويد المستخدمين بالمعلومات وذلك لدعم أعمالهم وعملية اتخاذ القرار"، ويعرفه (Dudeja)[2] بأنه "العمل الذي يجمع البيانات الشاملة وينظمها ويلخصها

---

[1] Kroener, Donald W, & Watson. Hughj, (1990), Computer-Based Information Systems, Second edition, New York. P.7

[2] Dudeja V.D,(2000), Management Information System In The New Millennium, Common Wealth Publisher, New Delhi.p.4

بشكل يفيد المستخدمين ويزودهم بالمعلومات التي يحتاجونها للقيام بعملهم " أما(الحسنية)[1] وضع تعريفاً أكثر شمولاً للأعمال الإلكترونية حيث عرفها بأنها "مجموعة من الأفراد والتجهيزات والإجراءات والبرمجيات وقواعد البيانات تعمل يدويا أو ميكانيكيا أو آلياً على جمع المعلومات وتخزينها ومعالجتها ومن ثم بثها للمستفيد". إلا أن الحديث عن الأعمال الإلكترونية بصورتها التقليدية ليس بالجديد بل إن حوسبة الأعمال الإلكترونية هو الجديد، حيث ظهر الحاسب، الشبكات والبرمجيات وغيرها كأبعاد جديدة في للأعمال الإلكترونية، وتبعاً لذلك فقد ظهرت مفاهيم أخرى للأعمال الإلكترونية تضمنت الأبعاد الجديدة والتي من أهمها استخدام الحاسوب والتكنولوجيا الحديثة، فقد عرف[2] (Turban & Others) الأعمال الإلكترونية بأنها "النظام الذي يستخدم تكنولوجيا الحاسب لأداء بعض أو كل الأعمال المطلوبة"، ويعرفه (Wilson) [3] بأنه " شبكة من الحواسيب مرتبطة

([1]) الحسنية، سليم،(2002)، مبادئ نظم المعلومات الإدارية، ط2، مؤسسة الوراق للنشر والتوزيع، عمان،الأردن، ص43

([2]) Turban, Efraim, & Mclecan, Ephraim & Wetherbe, James, (1999), Information Technology for Management, John wiley & Sons, New York, USA. P.17

([3]) Wilson, Keathen,(1996), " Use Of Computer-Based Management Information System In Public Organizations : The Case Of The City Of Richmond",Dissertation Abstracts International, Vol. 56, No. 10, April p, 4049-A

بحاسوب مركزي كبير وقواعد بيانات"، وقد عرف (الكردي) [1] الأعمال الإلكترونية بأنها" النظام الذي يستخدم نظم الحاسب الآلي في توفير احتياجات المستخدمين المختلفة من المعلومات اللازمة لأداء وظائفهم واتخاذ قراراتهم". وقد تبنت هذه الدراسة مفهوم نظام المعلومات المحوسب والذي يستخدم التكنولوجيا الحديثة ويعرفها الباحث بأنها "مجموعة المكونات المادية والبرمجية التي تعمل على معالجة البيانات وتحويلها إلى معلومات مفيدة". وذلك من منطلق أن الأعمال الإلكترونية المستخدمة هو النظام المحوسب الذي يعتمد بشكل رئيسي- على الحاسب وشبكات الاتصال.

العديد من الأشخاص ينظرون إلى مصطلح التجارة (Commerce) على أنه عبارة عن الحركات (Transaction) والتي تحدث بين الأطراف [2]، وعندما يستخدم هذا التعريف للتجارة، فإن مفهوم التجارة الإلكترونية (Electronic Commerce) سيصبح مفهوماً ضيقاً، لذلك فالعديد يستخدم مصطلح الأعمال الإلكترونية (Electronic Business) بدلاً من التجارة الإلكترونية [3]

---

[1] الكردي، منال محمد والعبد، جلال إبراهيم، (2000)، مقدمة في نظم المعلومات الإدارية، ط1، الدار الجامعية، مصر، ص21

[2] Elinton, w.j, and A.Gore ,jr .(1997)" A framework for Global Electronic Commerce" dcc.syr.cdu/ford/course E- Commerce Framework . PDF, P. 4.

[3] Huber, G.(2003) The Business Environment in the Digital economy network : MCGrew- hill, p.29.

مفهوم الأعمال الإلكترونية(E- Business) يعـود إلى التعريف الواسـع للتجـارة الإلكترونيـة والذي لا يشمل فقط بيع وشراء البضـائع والخدمات، ولكـن خدمـة العمـلاء، والتعاون مـع بقيـة الأطراف [1]، ويشمل أيضاً مفهوم التعلم الإلكتروني (E- Learning)، وإحداث الحركات الإلكترونيـة تتعدى عمليات أو نشاطات البيع والشراء مـن خـلال الإنترنـت مثل التعـاون(Collaboration) أو العمليات والنشاطات التي تحدث خلال أو بين المنظمات [2]، وهو ما يعرف بـ(Intra-Business)، وعادة يستخدم المفهـوم الواسـع للتجارة الإلكترونيـة بشـكل مكـافئ أو مسـاوي لمفهـوم الأعـمال الإلكترونية [3]

مما سبق يمكن تعريف مفهوم الأعمال الإلكترونية (E- Business) على أنها التعريف الواسع للتجارة الإلكترونية والذي لا يشمل فقط عمليات الشراء والبيع للسلع والخدمات ، ولكـن يتضـمن خدمة العميل، التعاون مع

---

[1] Choi , S . Y , and A.B. Whinston .(2000) The Internet Economy , Technology , and Practice . Austin , Txismartecom. Com.p.8

[2]   Commerce net, "Barriers to Electronic commerce ,2000 study ."Commerc net ,2000, commerc.net / research / barriers -inhibitors/ 2000/ barries2000, study H. T. ML.

[3] Carr,n.G.(ed).the Digital Enterprise. boston I Harvard Business school press,2001

أطراف العمل ، والقيام بالحركات والعمليات الإلكترونية بين المنظمات وداخلها[1].

تمتاز منظمات اليوم بالعالمية والسعي إلى الوصول إلى الأسواق العالمية بعد دخولها إلى الاقتصاد العالمي وظهور المنظمات الرقمية (Digital firm) وقد كان لهذا التحول في بيئة الأعمال عدة أسباب من أهمها[2]:

1. ظهور ما يسمى بالاقتصاد العالمي

2. التحول في الاقتصاد الصناعي

3. التحول في هياكل الأعمال

4. ظهور ما يسمى بالمنظمات الرقمية (Digital firm)

ولأهمية الموضوع سنقدم نبذة بسيطة أهم الملامح التي طرأت على بيئة منظمات الأعمال في الوقت الحالي :

1. ظهور الاقتصاد العالمي[3]:

مع ظهور ثورة الاتصالات والإنترنت وسرعة انتقال المعلومات بين المنظمات أصبحت المنافسة في الأسواق العالمية شديدة ومنذ الحرب العالمية

---

[1] Davis,B.speed is life. New York Doubleday/currency,2001, p.11.

[2] Robert . D , Galliers and Dorothy E . leidner (2003)" strategic information management " challenges and strategies in managing information system , Butter worth Heinemann press. P.7.

[3] Mcnurlinc Barbar , JRsprague H . Ralf (2004) " information system management in practice " prentice hall.

الثانية كان هناك العديد من العوامل التي أدت إلى تغيير نمط المنافسة في الأعمال العالمية وفي تلك العوامل التشابه الكبير في البنية التحتية للأعمال، وفي قنوات التوزيع، وطرق التسويق بين الدول ،كما أن سهولة انتقال رؤوس الأموال سمحت بانتقال الأموال بين الدول[1]، وقد أصبح عامل الوقت ذو تأثير هام حيث أصبحت الاستجابة السريعة للتغيرات في البيئة المحيطة عنصر مهم في تحقيق النجاح للمنظمات العالمية ، وقد تغيرت أساليب الأداة والرقابة كما ظهر مفهوم مجموعات العمل ونظم التوزيع العالمية.[2]

2. التحول في الاقتصاد الصناعي:

أصبح هناك العديد من التحولات على مستوى الاقتصاد الصناعي ومن ضمنها ظهور ما يسمى باقتصاديات المعرفة والمعلومات أي الاقتصاديات التي تركز على تناقل المعرفة وآليات الحصول عليها ورعايتها والمشاركة فيها على مستوى المنظمة والمنظمات الأخرى، كما زاد التركيز على مفهوم الإنتاجية وظهور منتجات وخدمات جديدة وأصبحت المعرفة أحد أهم الأصول الإستراتيجية في المنظمة والتي تؤدي إلى زيادة الإنتاجية[3]، وأصبح الاعتماد على الموظفين الذين يمتلكون المعرفة أكثر من أي وقت مضى حيث كان

---

(1) Chandler , A . D The evolution of modern global competition , in [39] , 405 -488

(2) Miles , R . E and snow , C . C " organization : new concept for new forms . California management Review , 28 (1986) , 62-73.

(3) Porter , M . E " competition in global industries Boston , MA : Harvard Business school press , 1986

التركيز في السابق على الموظفين الصناعيين والزراعيين وموظفي الخدمات بشكل أكبر ، كل ذلك نتيجة التحول السريع في الاقتصاديات الصناعية إلى الاقتصاديات المعرفية والتي تمتاز ببيئة متسارعة وتتضمن العديد من المشاكل.

3. **التحول في هياكل الأعمال:**

ظهرت العديد من الهياكل الجديدة في منظمات الأعمال والتي تعكس الاستجابة للتطور السريع ومن هذه الهياكل: [1]

1. الهياكل المنبسطة
2. اللامركزية
3. المرونة
4. الاعتمادية المتبادلة
5. التركيز على التنسيق وتقليل كلفة العمليات
6. التعزيز
7. العمل التعاوني وفرق العمل
4. ظهور المنظمات الرقمية

تمتاز المنظمات الرقمية (Digital firm) بالإحساس السريع بالبيئة المحيطة والاستجابة السريعة للتغيرات وذلك نتيجة لارتفاع قدرات الربط

([1]) Mcnurlinc Barbar , JRsprague H . op cit. p.59

الرقمـي مـع المسـتهلكين والمـوردين والمـوظفين حيـث يسـاعد الـربط الرقمـي في سـهولة انتقـال المعلومات والسرعة الكبيرة أيضاً لذلك فقد تغيرت أساليب الإدارة بشكل ملحوظ وأصبحت الأعـمال الأساسية في المنظمة يتم انجازها عن طريق شبكات رقمية [1].

ويعد أهم تغير طـرأ عـلى بيئـة الأعـمال بعـد دخـول المنظمـات في إطار العولمـة هـو ثـورة الاتصالات ، وبعد مفهوم الاتصالات مفهومـاً شاملاً لجميع عمليات تناقل المعلومـات مـن مكـان إلى آخر، ويمكن النظر إلى مفهوم الاتصالات بالمعنى الواسع على أنها إرسال المعلومات عـلى بـأي شـكل إلكـتروني رفيـع المسـتوى (Electronic Highway System) لانسـياب المعلومـات بـين الأفـراد ، مجموعات العمل ، الإدارات والأقسام، العملاء، المكاتب الإقليمية للمنظمات، بـين المنظمـات ومـع العالم الخارجي [2]، بشكل عام فإن الشيء الأهم في ثورة الاتصالات خلال العشر سنوات السابقة هـو الإنترنت (Internet) وهو الذي أدى إلى إحداث ثورة هائلة في الاتصـالات وأدى إلى السـرعة في أداء الأعمال كما ذكرنا سابقاً ، وقد تمثل هذا الأمر في ظهـور مـا يسـمى بصـناعة الاتصـالات وال (dot ..com

---

[1] Westerman , George .(2002) "Mixing Bricks and Clicks : Organization Designs for B2CE – commerce in incumbent Retailers Cisr working paper no 332

[2] Gilder , George ,(2000) Telecom : How infinite Bandwidth will Revolutionize our world , the free press New York

وقد ازدهر مفهوم التجارة الإلكترونية مع ظهور ثورة الإنترنت ، وقد جاءت كنتيجة طبيعية لذلك، وبدأ الإنترنت بشكل حقيقي في الستينات في القرن الماضي عند تم تمويلها من قبل وزارة الدفاع الأمريكية لغايات نقل الملفات العلمية والأبحاث إلكترونياً، وقد تم بناء الإنترنت كشبكة موزعة بدون رقابة ، وقد استخدمت الإنترنت يشكل أكثر في إرسال الرسائل الحكومية ، وفي المؤسسات الأكاديمية والعلمية وحتى عام 1993 بقيت الإنترنت شبكة عالمية يقتصر استخدامها على الباحثين والعلماء الأكاديميات والأفراد، حيث لم يكن هناك إمكانية التناقل الصور بل اقتصرت على نقل النصوص فقط عن طريق البريد الإلكتروني وبرتوكول نقل الملفات protocol File (Transfer) أو (FTP) لإرسال النصوص والملفات، بعد ذلك تطورت الإنترنت بشكل ملحوظ لتشمل نقل الصور الجرافكية واستخدام تقنيات الويب واستخدام اللغات الحديثة لتصميم المواقع الإلكترونية (Website) والتي أتاحت لمستخدم الإنترنت الدخول إلى المواقع الإلكترونية والتصفح والانتقال من صفحة إلى أخرى ، وقد أتاحت تقنية الويب من قبل الأعمال بشكل فعلي في السنوات الأخيرة من القرن المنصرم ومع استخدام الويب من قبل الأعمال بدأ مفهوم التجارة الإلكترونية بالظهور إلى حيز الوجود [1].

([1]) Mcnurlinc Barbar , JRsprague H . op cit. p.73.

مفهوم التجارة الإلكترونية

في هذا القسم سوف نتناول مفهوم التجارة الإلكترونية من خلال استعراض تعريفات التجارة الإلكترونية المتداولة والشائعة، ثم مجالاتها المختلفة وتقسيماتها السوقية حسب الأطراف المتعاملة فيها، يلي ذلك التطور الرقمي لحجم التجارة الإلكترونية منذ بداياتها، وأخيرا نستعرض طرق وأساليب قياس حجم التجارة الإلكترونية.

تعريف التجارة الإلكترونية:

تمثـل التجـارة الالكترونيـة واحـدا مـن موضـوعي مـا يعـرف بالاقتصـاد الرقمـي Digital Economy حيـث يقـوم الاقتصـاد الرقمـي عـلى حقيقتـين :- التجـارة الإلكترونيـة وتقنيـة المعلومات Information Technology- IT فتقنيـة المعلومات أو صناعة المعلومات في عصر الحوسبة والاتصال هـي التـي خلقـت الوجـود الـواقعي والحقيقـي للتجـارة الإلكترونيـة باعتبارها تعتمـد عـلى الحوسبة والاتصال ومختلـف الوسـائل التقنيـة للتنفيـذ وإدارة النشـاط التجاري .

والتجـارة الالكترونيـة (E-commerce) هـي تنفيـذ و إدارة الأنشـطة التجاريـة المتعلقـة بالبضاعة والخدمات بواسطة تحويل المعطيات عبر شبكة الإنترنت أو الأنظمة التقنية الشبيهة ، ويمتد المفهوم الشائع للتجارة الإلكترونية بشكل عام إلى ثلاثة أنواع من الأنشطة الأول ، خدمات ربط أو دخول الإنترنت وما تتضمنه خدمات الربط من خدمات ذات محتوى تقني

ومثالها الواضح الخدمات المقدمة من مزودي خدمات الإنترنت Internet Services - ISPs Providers والثاني، التسليم أو التزويد التقني للخدمات. والثالث استعمال الإنترنت كواسطة أو وسيلة لتوزيع الخدمات وتوزيع البضائع والخدمات المسلمة بطريقة غير تقنية (تسليم مادي عادي) وضمن هذا المفهوم يظهر الخلط بين الأعمال الالكترونية والتجارة الالكترونية واستغلال التقنية في أنشطة التجارة التقليدية وهو ما سنعمد إلى إيضاحه لاحقا.

وفي الواقع التطبيقي، فان التجارة الإلكترونية تتخذ أنماطا عديدة ، كعرض البضائع والخدمات عبر الانترنت وإجراء البيوع بالوصف عبر مواقع الشبكة العالمية مع إجراء عمليات الدفع النقدي بالبطاقات المالية أو بغيرها من وسائل الدفع، وإنشاء متاجر افتراضية أو محال بيع على الإنترنت، والقيام بأنشطة التزويد والتوزيع والوكالة التجارية عبر الإنترنت وممارسة الخدمات المالية وخدمات الطيران والنقل والشحن وغيرها عبر الإنترنت.

أما من حيث صور التجارة الالكترونية فيندرج في نطاقها العديد من الصور أبرزها وأهمها الصور الموضحة في الشكل رقم(2) حيث تشمل العلاقات التجارية بين جهات الأعمال والمستهلك، وبين مؤسسات الأعمال فيما بينها وهما الصورتان الأكثر شيوعا وأهمية في نطاق التجارة الالكترونية في وقتنا الحاضر، وبين قطاعات حكومية وبين المستهلك وبين

قطاعات حكومية وبين مؤسسات الأعمال، طبعا في إطار علاقات ذات محتوى تجاري ومالي.

شكل رقم (2)

صور التجارة الالكترونية

من الأعمال للمستهلك	من الأعمال إلى الأعمال
Business-to-Consumer	Business -Business-to
وتشمل التسوق على الخط	تحقيق تكاملية عمليات التوريد للمنتجات
shopping on-line	وادعاء الخدمات

من الحكومة إلى المستهلك	من الحكومة إلى الأعمال
Government-to-Consumer	Business -Government -to
الخدمات والبرامج الحكومية على الخط	المشتريات الحكومية الالكترونية

المصدر: طارق عبد العال حماد، التجارة الإلكترونية: المفاهيم – التجارب – التحديات – الأبعاد التكنولوجية والمالية والتسويقية والقانونية، (الإسكندرية، الدار الجامعية، 2003/2002م)، ص 48.

وتقسم التجارة الإلكترونية إلى أربع فئات فرعية وهي [1] :

1- التجارة الإلكترونية بين منشآت الأعمال   Business-to-Business (B2B)

2- التجارة الإلكترونية بين منشآت الأعمال والمستهلك   Business-to- (B2C)
Costumer

3- التجارة الإلكترونية بين منشآت الأعمال والمنظمات الحكومية

Business- to- Government (B2G)

4- التجارة الإلكترونية بين المستهلك والحكومة   Costumer -to-Government

وهناك العديد في التطبيقات للتجارة الإلكترونية حسب طبيعة التعامل فيما بين الأطراف وطبيعة العلاقة بينهم وهي كثيرة وسيتم التطرق لها بشكل مختصر ـ فمن هذه التطبيقات أيضاً التجارة الإلكترونية بين المستهلكين ومنشآت الأعمال (C2B) ، وتجارة التجزئة الإلكترونية (-E tailing) وتستخدم عادة في حالة النوع الأول في التجارة الإلكترونية (B2C) ومن التطبيقات أيضاً التجارة الإلكترونية بين المستهلكين (C2C) وكذلك التجارة الإلكترونية بين منشآت الأعمال والموظفين (B2E) ومن أهم الأشكال والتطبيقات للتجارة الإلكترونية الحكومة الإلكترونية (-E)

---

[1] Choi, S.Y. and A. B whinstone. The internet economy, technology and practice, Austin, Txismat, com, 2000.

Government وتشمل عمليات الشراء أو تزويد البضائع والخدمات أو المعلومات إلى منشآت الأعمال (*G2B*) أو إلى الأفراد المواطنين(*G2C*) [1]

ومن التطبيقات أيضاً التجارة التعاونية (Collaborative Commerce) حيث يتم الالتقاء والتعاون إلكترونيا ، وهناك التعلم الإلكتروني (E- Learning) حيث يتم تبادل المعرفة على الشبكة ويستخدم هذا النوع بشكل كبير في المدارس والجامعات وأيضاً في المنظمات وهناك أيضاً التجارة المتحركة

(Mobile COMMERCE) والتي تتيح للأطراف القيام بعمليات التجارة الإلكترونية في أي بقعة على وجه الأرض ومن الأمثلة على ذلك القيام ببعض العمليات المصرفية من خلال جهاز الخلوي ، وهناك أيضاً التجارة الإلكترونية داخل المنظمة (Intra Business) وتشمل عملية تبادل السلع والخدمات والمعلومات بين الوحدات التنظيمية والأفراد داخل نفس المنظمة [2] وهناك العديد في التطبيقات لا يتسع المجال لذكرها .

ومن أهم الفوائد التي تجنيها الشركات من التجارة الإلكترونية الحضور العالمي وتحسين الوضع التنافسي عن طريق ضمان جودة الخدمة ، وتفصيل السلع والخدمات حسب رغبة العميل وتقديم خدمات شخصية

---

[1] Butler , H ,(1999) E- Commerce Iscopes and limitation , advantage press , NewYork ,p.287

[2] Turban , E ,et al ,(2004) Electronic commerce , New Jersey , person education ,prentice hall ,p.173

(customization/ ersonalization) وتقصير أو إلغاء سلاسل التوريد وسرعة الاستجابة للحاجات المتزايدة، وتحقيق وفورات هائلة في الكلفة ، وابتكار منتجات وخدمات جديدة [1].

وتنبع أهمية التجارة الإلكترونية في أنها باتت تستحوذ على اهتمام العديد من المؤسسات العلمية والبحثية بكل مضامينها وإبعادها وتطبيقاتها بهدف الوقوف على الطاقات المحتملة لهذا النوع من التجارة وكيفية استثمارها وتطويعها وبنيتها في نشاطات وفعاليات الأعمال ، وتتفق دراسات العديد من الباحثين في هذا المجال على أن التجارة الإلكترونية بين منشآت الأعمال قد حققت خلال عقد من الزمن منافع كثيرة لمنشآت الأعمال في كثير من البلدان وتكمن الأهمية الحقيقية للتجارة الإلكترونية من خلال الفوائد الجمة لها والتي يمكن بلورتها كالتالي:[2]

1- تعتبر وسيلة جديدة لخفض التكاليف وتوسيع الأسواق وزيادة الفوائد في مجالات الأعمال والتجارة إذ أن العديد من الشركات تجري معظم عملياتها عبر البريد الإلكتروني والإنترنت

2- أن التجارة الإلكترونية أتاحت أنماطا وطرقاً جديدة للأعمال ، ومن الأمثلة على ذلك بوابات الإنترنت العالمية مثل

[1] Callon, J.D .(1996) Competitive Advantage Through Information Technolagy . New York Mc Graw- Hill, p.71

[2] ياسين ، سعد ، والعلاق ، بشير (2004)، " التجارة الإلكترونية " ، عمان ، دار المناهج للنشر والتوزيع ، ص16.

(yahoo) وعربياً (Arabia.com) وموقـع المـزاد (e-bay) والمتـاجرة الإلكترونية مثل (Amazon.com) وطرق جديدة في الاتصال مثل البريـد الإلكتروني نقل الصوت عبر خطوط المعلومات.

3- أن ثمرة استخدام التجارة الإلكترونية ونقل الصوت لم تقـف عـن حـد الشركات ورجال الأعمال ، بـل امتـدت إلى المسـتهلك نفسـه، إذ أن أسـعار السـلع بـدأت تـنخفض تدريجيا مع انخفاض كلفة إنتاج الوحدة السلعية وبالتالي استفاد المستهلك حيث انخفض إنفاقه على كثير من السلع والخدمات .

4- تعتبر التجارة الإلكترونيـة مـن احـدث تقنيـات لخدمـة المعلومـات ، وقـد أدى استعمالها في الوظائف وخلقت فرص عمل جديدة وغيرت من ظروف العمـل التقليديـة ،كـما أنها وفرت الوقت والمـال وسـهلت التعامـل التجـاري بـين الـدول وبـين الأشـخاص والشركات وبين الشركات بعضها مع بعض.

5- على الرغم من حداثة مفهوم التجارة الإلكترونية واستخداماتها في الدول العربية ، إلا أن إنجاز الأعمال بهذه الطريقة أصبح من مقومات النجاح عالمياً لأن ذلك سيسـاعد الحكومات والشركات العاملة في المنطقة على التعرف على الآفاق الجديـدة التـي تفتحهـا التطورات التقنية المتلاحقة وآثارها في عالم التجارة والأعمال

والمال ، وكذلك إيجاد أرضيات تساعدهم على تحقيق الربح وزيادة الإنتاجية عبر أكثر الوسائل كفاءة وفاعلية.

6- أن التجارة الإلكترونية وفرت للدول الفقيرة إمكانية الاستفادة من العقول البشرية المتوفرة لديها بأعلى عائد ممكن ، وهذا بدوره سيساعد على تسريع إتمام البنى التعليمية والصناعية والاجتماعية على نحو مختلف ومثمر.

وتعد ظاهرة التجارة الإلكترونية عبر شبكات الإنترنت (E-Commerce)، وما تنطوي عليه من تطبيقات، ظاهرة حديثة كانت بداياتها في أوائل التسعينيات من القرن الماضي [1]. وظهرت تطبيقات التجارة الإلكترونية منذ السبعينات من القرن الماضي وأشهرها تطبيق التحويلات الإلكترونية للأموال (Electronic Fund transfers) وكان سائدا بين الشركات العملاقة، ثم تم تطوير التبادل الإلكتروني للبيانات (EDI) والذي وسع تطبيق التجارة الإلكترونية من مجرد معاملات مالية إلى معاملات أخرى مما زاد استخدام هذه التقنية في الشركات المساهمة وغيرها. وكذلك من التطبيقات التي ظهرت في السابق تطبيقات الاتصالات السلكية واللاسلكية المستخدمة في بيع الأسهم وتذاكر السفر على شبكات خاصة. وبظهور شبكة الإنترنت في التسعينات من القرن الماضي وانتشارها ونموها إلى الملايين من البشر، ظهرت التجارة الإلكترونية عبر شبكة الإنترنت وتم تطوير تطبيقاتها

---

[1] انظر الموسوعة العربية للكومبيوتر والإنترنت على:

http://:www.c4arab.com/showac.php?acid=120

بشكل كبير وقد ظهر عـدة تعريفات يحـاول كـل منهـا أن يصـف ويحـدد طبيعـة هـذه التجارة الإلكترونية وما يتعلـق بهـا مـن ممارسـات وأنشـطة. وربمـا يرجـع تعـدد هـذه التعريفات إلى أن تطبيقات التجارة الإلكترونية تشتمل على عدة مكونات أساسية لابد مـن توفرهـا لتنفيـذ عمليـات التجارة الإلكترونية، مثل استخدام الحواسب الآلية وتقنية الاتصالات ونظم المعلومات والبرمجيـات وغيرها. ومفهوم التجارة الإلكترونية بعامـة يندرج تحت مفهـوم أوسع يسمى بالاقتصاد الرقمـي (Digital Economy) حيث يشمل الأخـير التجارة الإلكترونيـة والقطاعات المنتجة والمسـتخدمة لتقنية المعلومات، وأجهزة الاتصالات، وقطاعـات خـدمات الاتصالات [1]. ومـن تعريفـات التجـارة الإلكترونية المتداولة في أدبيات هـذه الظـاهرة أنهـا " ممارسـة تجارة السـلع والخدمات بمسـاعدة أدوات الاتصال وغيرها من الوسائل ذات العلاقة بالاتصالات [2]. ويعرفهـا آخـرون بأنهـا " إتمـام أي عملية تجارية عبر شبكات الحاسب الآلي الوسيطة والتي تتضمن تحويل أو نقل ملكيـة أو حقـوق استخدام السلع والخدمات [3]، حيث تعقد العملية التجارية ضمن آلية إلكترونية معينة مثل عملية البيع والشراء، وتتحقق العملية عندما يتم الاتفاق

([1]) Barbara M. et al "Government Statistics: E-Commerce and Electronic Economy" a paper prepared for presentation to the Federal Economic Statistic, Advisory Committee (FESAC), June 15, 2000. p.2.

([2]) Roger Clarke "Electronic Commerce Definitions" Department of Computer Science, Australian National University, 2000. p.2

([3]) Barbara et al, op cit. p.3

بين الطرفين أي البائع والمشتري على نقل ملكية أو حق استخدام السلع أو الخدمات عبر شبكات الحاسب الآلي الوسيطة، وتعد الموافقة الإلكترونية أو الرضاء بين البائع والمشتري على عقد عملية البيع أو الشراء عنصرا أساسا في تحديد مفهوم التجارة الإلكترونية. لذلك فإن العمليات المجانية مثل تحميل البرامج المجانية (Downloading Free software) المتاحة في الإنترنت تستثنى من مفهوم التجارة الإلكترونية[1]. وهناك من يعرف التجارة الإلكترونية وفقاً لمكوناتها أو الأطراف المشاركة فيها، فمن وجهة نظر خبراء الاتصالات تمثل التجارة الإلكترونية وسيلة من أجل إيصال المعلومات أو الخدمات أو المنتجات عبر خطوط الهاتف أو عبر الشبكات العنكبوتية أو عبر أي وسيلة تقنية. ومن وجهة نظر أصحاب الأعمال التجارية هي عملية تطبيق التقنية من أجل جعل المعاملات التجارية تسير بصورة تلقائية وسريعة، في حين أنها من جانب الخدمات تعرف بأنها أداة من أجل تلبية رغبات الشركات والمستهلكين والمدراء في خفض تكلفة الخدمة والرفع من كفاءتها والعمل على تسريع إيصال الخدمة. و أخيرا يصفها خبراء الإنترنت بأنها التجارة التي تفتح المجال من أجل بيع وشراء المنتجات والخدمات والمعلومات عبر الإنترنت[2].

---

[1] - Ibid. p.3

[2] الموسوعة العربية للكومبيوتر والإنترنت، مرجع سابق.

يمكن تعريف التجارة الإلكترونية على أنها عمليات البيع والشراء ، أو التبادل أو نقل السلع والخدمات أو المعلومات في خلال شبكات الكمبيوتر وتتضمن الإنترنت والتجارة الإلكترونية يمكن تعريفها من خلال المحاور أو جهات النظر التالية [1]:

1- الاتصالات (Communication) : حسب وجهة النظر هذه ، فإن التجارة الإلكترونية تعني توزيع البضائع والخدمات ، المعلومات، أو عمليات الدفع عبر شبكات الحاسوب أو حتى أي وسيلة إلكترونية أخرى .

2- تجارية (Commercial/Trading) : حسب وجهة النظر التجارية ، تزود التجارة الإلكترونية بقدرات وإمكانيات البيع والشراء للمنتجات والخدمات والمعلومات على الإنترنت ومن خلال الخدمات الإلكترونية الأخرى .

3- عمليات الأعمال (Business Process): أي أن التجارة الإلكترونية عبارة عن أداء الأعمال إلكترونيا عن طريق استكمال عمليات الأعمال عبر الشبكات الإلكترونية لذلك فهي عملية استبدال العمليات المادية (Physical) بالعمليات الإلكترونية .

---

[1] Turban , E ,et al ,(2000) Electronic commerce , hewjersey , person education ,prentice hall ,p.28

4- الخدمة (Service) : أي أن التجارة الإلكترونية أداة تحدد رغبات الحكومة ، المؤسسات ، المستهلكين ، والإدارة ، للتقليل من كلفة الخدمة في حين تحسين نوعيتها وزيادة سرعتها بالنسبة للعميل .

5- التعلم(Learning) : من وجهة نظر التعلم فإن التجارة الإلكترونية مساعد على التعلم والتدريب عبر الشبكة ، خصوصاً تسهيل عمليات التعلم في المدارس والجامعات وفي المنظمات أيضاً.

6- التعاون (Collaborative): حسب هذه النظرة فإن التجارة الإلكترونية تعتبر إطاراً للتعاون داخل المنظمات (Intra-organization) والتعاون بين المنظمات (in (Inter- Organization

7- المجتمع (Community) : تساعد التجارة الإلكترونية في إعطاء الفرصة لأفراد المجتمع للتعاون وجمع المعلومات والقيام بأداء الأعمال إلكترونيا.

ومن التعاريف التقليدية للتجارة الإلكترونية ذلك الذي يشير إلى أن التجارة الإلكترونية تمثل شكلاً من أشكال التعامل التجاري الذي ينطوي

على تفاعل أطراف التبادل إلكترونيا بدلاً من التبادل المادي أو الاتصال المادي المباشر [1].

يتطلب لممارسة التجارة الإلكترونية عمليات توحيد الحاجات المتغيرة والتقنيات الجديدة بما يؤدي في المحصلة النهائية إلى إحداث ثورة في الطريقة التي تؤدي بها الأعمال، فالأعمال المعاصرة تتميز بتنامي إمكانيات التوريد والمنافسة العالمية وتوقعات العملاء، واستجابة لمثل هذه التطورات النوعية بدأت منشآت الأعمال في أرجاء العالم المختلفة بإحداث تغييرات مختلفة في تنظيماتها وعملياتها على حد سواء. بشكل عام فإن الاضطلاع بمهام التجارة الإلكترونية يتطلب إحداث تغييرات في الأعمال والهياكل التنظيمية واستجابة للتغيرات السريعة في مجال الأعمال، فالشركات بدأت تعيد النظر بهياكلها التنظيمية بحيث أصبحت هذه الهياكل الهرمية تأخذ أشكال مسطحة بدلاً من الهياكل الهرمية القديمة التي لم تعد تصلح للتطبيق في بيئة عصر الإنترنت والاقتصاد الرقمي [2].

ساعدت التجارة الإلكترونية على تمكين ودعم مثل هذه التغيرات على نطاق عالمي فقد مكنت الشركات من أن تصبح أكثر كفاءة ومرونة في عملياتها الداخلية وان تعمل بشكل أوثق مع مورديها وان تستجيب بشكل

---

(1) ياسين ، سعد ، والعلاق ، بشير (2004)، " مرجع سابق ، ص16.

(2) Tapscott , D., Alowry and D. T I coll eds .(1998) Blueprint to the Digital Economy wealth creation in the era of E- Business- newyork I MCGraw hill , p.19

أفضل لحاجات وتوقعات عملائها . كما أتاحت مجالات أفضل في اختيار وانتقاء أفضل الموردين بغض النظر عن الموقع الجغرافي وفي بيع منتجاتها في الأسواق العالمية[1].

لذلك فإن التجارة الإلكترونية هي تكنولوجيا تغيير شاملة ، والشركات التي تنظر إلى التجارة الإلكترونية كإضافة (Add-on) إلى الطرق والأساليب القائمة لإنجاز الأعمال ، فإن احتمال استفادتها من التجارة الإلكترونية سيكون ضئيلاً فالمنافع الرئيسية من مزاولة التجارة الإلكترونية تتحقق فقط عندما تكون الشركات راغبة في أحداث تغيرات في تنظيماتها وعملياتها لتحقيق استثمار امثل في الفرص التي تتيحها التجارة الإلكترونية.[2]

لذلك فإن مجرد الربط على شبكات الإنترنت وتطوير موقع على الشبكة لا يمثل الهدف الأسمى لعملية تحول الشركات الكترونياً ، وإنما الهدف الأسمى للتجارة الإلكترونية هو الحصول على حصة سوقية والمحافظة على هذه الحصة لأطول فترة ممكنة.

عناصر وخصائص التجارة الإلكترونية:

تعمل التجارة الإلكترونية على أداء العمليات التجارية بين مؤسسات الأعمال بعضها مع بعض، وبين مؤسسات الأعمال وعملائها، وبين

(1) Athitakis , M (2003)" how to wake money on the net " Business, p.19

(2) Bakos , j.j(1991) "A Strateyic analysis of electranic marketplace" Mis Quarterly 15 , no , 3 , p.6

مؤسسات الأعمال والحكومة وذلك من خلال استخدام تكنولوجيا المعلومات وشبكة الاتصالات من اجل إنجاز تلك العمليات التجارية. هذا وتهدف التجارة الإلكترونية أيضا إلى رفع كفاءة الأداء التجاري من اجل تحقيق أقصى ـ درجة ممكنة من الفاعلية في التكامل. إضافة إلى أن استخدام التجارة الإلكترونية في التعاملات التجارية يجعل المتعاملين بها يتعدون الحدود المكانية والزمانية والتي يمكن لهذه الحدود بطريقة أو بأخرى أن تقيد عملية تنفيذ التبادلات التجارية. هذا وتبين التجارة الإلكترونية على أنها عبارة عن مفهوم متكامل لا يقتصر ـ فقط على القيام بالتعاملات التجارية باستخدام الوسائل الإلكترونية، بل يتعدى ذلك ليشمل كل من عملية التصنيع والإنتاج وذلك من خلال تقليل الوقت المطلوب لإنجاز أو إتمام سلسلة من الأعمال. كما تعمل التجارة الإلكترونية على إتاحة الاستجابة لطلبات السوق بسرعة من خلال التعامل والتفاعل مع العملاء. إضافة إلى أنها تعمل على تسهيل وتبسيط العمليات ووضوح في إجراءات العمل من اجل إتمامها بالطريقة المرجوة.

أهمية التجارة الإلكترونية:

تعد التجارة الإلكترونية مفهوما واسعاً يشمل أي نشاط أو تعاملات تجارية تتحقق بين أطراف متعددة عبر الوسائل الإلكترونية وأهمها شبكة الإنترنت، لذلك فإن أي نموذج للتجارة الإلكترونية يشتمل على الأطراف الأساسية المعنية بالتعامل التجاري (انظر شكل 3)، وعليه يمكن تقسيم

التجارية الإلكترونية حسب طبيعة وهوية الأطراف الأساسية المعنية بالتعامل التجاري كالآتي:

شكل رقم(3)

نموذج الأطراف الأساسية المعنية بالتعامل التجاري في التجارة الإلكترونية.

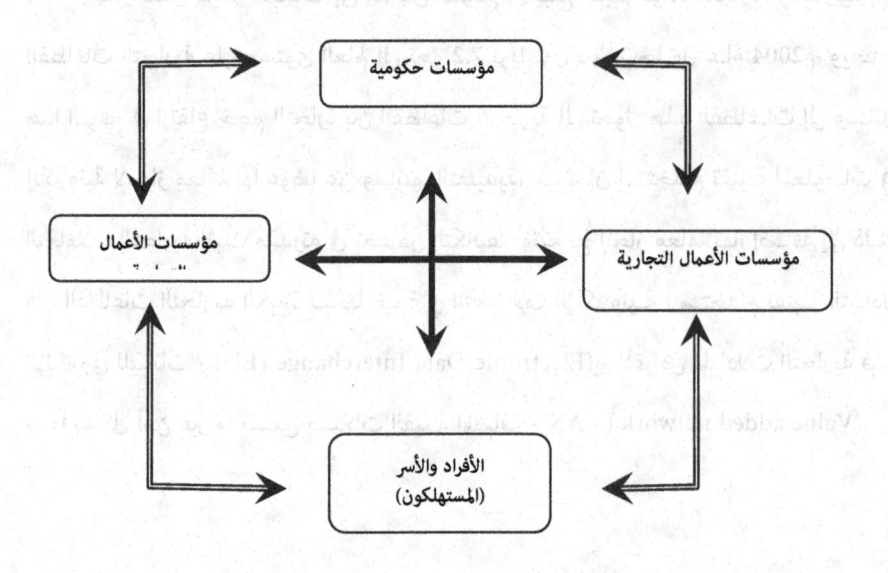

المصدر: رأفـت رضـوان، عـالم التجـارة الإلكترونيـة، القـاهرة, المنظمـة العربيـة للتنميـة الإداريـة، 1999م، ص41.

أ. التعامل بين شركة تجاريـة وشركة تجاريـة أخـرى – B2B (Business to Business) – وهذا النوع من التجارة الإلكترونية تتم فيه

المعاملات من بيع وشراء وتبادل للمعلومات في مساحة سوقية إلكترونية [1] (Market space) بين الشركات التجارية. ويشكل هذا النوع من المعاملات التجارية بين قطاعات الأعمال (B2B) أغلب معاملات التجارة الإلكترونية حيث تستحوذ على ما يقارب 80 % من إجمالي حجم التجارة الإلكترونية في العالم [2].

وتشير بعض مراكز الأبحاث إلى أنه من المتوقع أن يبلغ حجم عوائد التجارة الإلكترونية بين القطاعات التجارية على مستوى العالم إلى نحو 7.2 تريليون دولار بحلول عام 2004م، ويعزى هذا التوقع في ارتفاع حجم التجارة بين القطاعات التجارية إلى تحول هذه القطاعات إلى وسائل إلكترونية لإنجاز معاملاتها عوضا عن وسائلها التقليدية، حيث إن استخدام تقنية المعلومات في التعاملات التجارية أثبت مقدرته في تخفيض التكاليف وتسريع إنجاز معاملاتها، إضافة إلى ذلك فإن القطاعات التجارية الكبيرة لديها خبرة في التعاملات الإلكترونية باستخدام تقنية التبادل الإلكتروني للبيانات - Electronic Data Interchange (EDI) - لأغراض المبادلات التجارية فيما بينها بشكل آمن عبر ما يسمى بشبكات القيمة المضافة - Value added network (VAN).

([1]) مفهوم المساحة السوقية (Market space) يستخدم للتميز بين "المكان السوقي الالكتروني" والذي يتم فيه التعامل بالتجارة الإلكترونية، ومفهوم المكان السوقي التقليدي (physical marketplaces) الذي يتم فيه التعامل بالتجارة التقليدية

([2]) عبد الرحيم، راسم سميح، 1997، التجارة الإلكترونية في خدمة التجارة والمصارف العربية، مجلة اتحاد المصارف العربية، ج1، بيروت، ص10-11

ب. التعامل بين الشركة أو المؤسسة التجارية والمستهلك Business to Consumer (B2C) وهذا النوع من التجارة الإلكترونية يتم فيه التعامل من بيع وشراء بين المؤسسات التجارية والأفراد أو المستهلكين، ويشمل هذا السوق قطاعات التجزئة التي تبيع المنتجات والخدمات للمستهلكين عبر شبكة الإنترنت. ويتم التعامل بين الشركة والأفراد سواء على مستوى السوق المحلي أو الدولي، حيث يقوم المستهلك بطلب السلعة أو الخدمة من موقع الشركة في الإنترنت ويدفع ثمنها بالبطاقة مثلا ثم بعد ذلك يحصل على السلعة أو الخدمة مباشرة إذا كانت منتجاً رقمياً أو عن طريق البريد التقليدي إذا كان غير قابل للتسليم إلكترونيا[1]. وبالرغم أن هذا المجال من التجارة الإلكترونية لا يزال محدودا مقارنة بالتجارة الإلكترونية بين مؤسسات الأعمال التجارية (B2B)، إلا أن الاهتمام والخطط الإستراتيجية للشركات التجارية تتجه نحو الاستفادة من قطاع الأفراد والمستهلكين، سيما وأن الشركات الكبيرة ذات السمعة التجارية الحسنة تستطيع أن تكسب التعامل الإلكتروني على مستوى الأفراد في كافة أنحاء العالم[2][3]. وقد بلغ حجم التجارة

---

(1) Shaun Lake "E-Commerce and LDCs Challenges for enterprises and governments" a paper prepared for UNCTAD Regional meeting on electronic commerce and development, Kathmandu, Nepal 30-31 May 200, p.9

(2) عبد الرحيم، راسم سميح، 1997، مرجع سابق، ص9.

(3) منصور فرح،التجارة الإلكترونية في الوطن العربي: الوضع الراهن والآفاق المستقبلية، بحث مقدم لندوة العلوم والتكنولوجيا في الوطن العربي: الواقع والطموح (387-403) عمان 20-2001/10/21م، بيروت، المؤسسة العربية للدراسات والنشر، الطبعة العربية الأولى، 2002م، ص390

الإلكترونية بين المؤسسات التجارية والمستهلكين في الولايات المتحدة الأمريكية وحدها نحو 20 مليار دولار في عام 1999م ، ويتوقع أن يصل إلى 2000 مليار دولار في عام 2004م[1] [5].

ويشمل هذا التعامل التجاري أيضا الاتجاه المعاكس بين المستهلك والمؤسسة التجارية، عندما يقوم الأفراد والمستهلكون ببيع خدماتهم للمؤسسات أو الشركات التجارية، وإن كان حجم هذا التعامل ضئيلاً جدا.

ج. التعامل بين المؤسسة التجارية والحكومة - Business to Government (B2G) -

وهذا الجانب من التجارة الإلكترونية لا يزال في مراحله الأولية في معظم الدول، كما أن أغلب هذا النشاط يتركز على التفاعل الإلكتروني بين المؤسسات التجارية والمؤسسات الحكومية مثل عمليات إثباتات ومدفوعات الضرائب ومدفوعات التراخيص التجارية ورسوم الجمارك وتخليص الواردات من البضائع منها، بالإضافة إلى ما تقوم به المؤسسات الحكومية من مشتريات من المؤسسات التجارية إلكترونيا.[3]

د. هناك فئات من التعاملات التجارية الإلكترونية الأخرى مثل التعامل بين المستهلك والمستهلك Consumer to Consumer

---

(4) **Shaun Lake, op cit, p.9**

(5) **د. منصور فرح، التجارة الإلكترونية في الوطن العربي: الواقع والطموح، مرجع سابق، ص390.**

(C2C) حيث يكون التعامل التجاري الإلكتروني بين الأفراد المستهلكين أنفسهم، وفيه تكون عملية البيع والشراء بين مستهلك و مستهلك آخر من خلال وضع إعلانات على المواقع الشخصية في الإنترنت بهدف بيع الأغراض الشخصية أو بيع الخبرات للآخرين، ويشمل ذلك المزادات الإلكترونية التي تتم فيها التعاملات التجارية بين الأفراد. وهناك أيضا تعاملات إلكترونية بين الأفراد والمؤسسات الحكومية، وهذا يشمل التفاعل الإلكتروني في مجال الخدمات والمعاملات الرسمية بين الأفراد والحكومة. ويمكن اعتبار التعامل ما بين المؤسسات الحكومية من جهة والأفراد والمؤسسات التجارية من جهة أخرى جزء من مفهوم الحكومة الإلكترونية (Electronic Government).

والتجارة الإلكترونية بالمملكة الأردنية الهاشمية، ما زالت في بدايتها ، وإدراكاً من المسئولين بأهمية هذه التقنية الحديثة ، وأثرها الإيجابي المتوقع على تطوير وتنمية الاقتصاد الأردني، فقد تم تشكيل لجنة دائمة برئاسة وزارة التجارة مهمتها دراسة واقع التجارة الإلكترونية وإمكانية تفعيلها في المملكة، ولا شك أن تطور الخدمات المصرفية وتقنيات الدفع التي قامت بها وزارة المالية سيكون لها تأثير إيجابي على تفعيل الأمور وإنشاء البنية التحتية الملائمة ، لكن عامل الوقت يبقى الأساس . كما أن تقدم التقنيات وسرعة تحولها في العالم تحتم العمل على مواكبة التغيرات الحاصلة وإيجاد الحلول الملائمة من خلال بنى تحية قوية تشكل أساساً قوياً لحاضر ومستقبل صناعة الإنترنت والتجارة الإلكترونية بالمملكة الأردنية الهاشمية، مما ينعكس إيجابياً على

الاقتصاد الوطني . وفي سياق الجهود المبذولة بالمملكة لتطوير وانتشار التجارة الإلكترونية تقوم وزارة الصناعة والكهرباء بالترخيص للمشاريع الصناعية بشكل عام والصناعات الإلكترونية بشكل خاص وتقدم الدعم من خلال الحوافز المتاحة في نظام استثمار رأس المال الأجنبي. ويقوم أيضاً مجلس الغرف التجارية الصناعية الأردنية بمتابعة ودعم الجهود المبذولة لدراسة سبل توطين التقنية عن طريق تحفيز القطاع الخاص على استخدام التجارة الإلكترونية. وعلى الصعيد العملي هناك بعض الشركات بالمملكة لها محاولات في استخدام التجارة الإلكترونية عن طريق موقع المورد على (الإنترنت). وتقوم هذه الشركات لإتمام عملياتها بفتح حساب لدى الموردين ووضع مبلغ دائن في حساباتهم لدى الموردين لتتم من خلاله تغطية مصروفات الشراء، ويعطون رقماً سرياً لدخوله وإصدار أوامر الشراء . وبعد ذلك يقوم المشتري بتصفح الموقع وشراء ما يريد ووضعه في سلة الشراء ومن ثم يتم تنفيذ العملية وإرسال البضاعة المشتراه بالبريد، على ألا يتجاوز الرصيد المدفوع مسبقاً . وفي نفس اتجاه تفعيل التجارة الإلكترونية أكدت بعض البنوك الأردنية التزامها بتعويض العملاء الذين تتعرض حساباتهم للاختراق والتلاعب عندما يجرون عمليات مصرفية عن طريق مواقعها في الإنترنت . وتأتي هذه الخطوة من البنوك الأردنية في الوقت الذي يحجم فيه عدد من العملاء عن التعامل مع مواقع البنوك في الإنترنت، إذ لا يشكل عدد العملاء الذين يجرون عمليات مصرفيه عن طريق الشبكة سوى 1 - 5 % بين كل البنوك . وبالرغم من بطء سير تطبيق التجارة الإلكترونية بالمملكة إلا

أن جميع الخصائص التي تتمتع بها المملكة من حيث الموقع الجغرافي وإتباع سياسة الاقتصاد الحر وتوفر التجهيزات الأساسية للاتصالات بالإضافة إلى التركيبة السكانية المؤهلة للتدريب في مجال المعلومات والاتصالات أهم الركائز التي يمكن استثمارها لتحقيق موقع ريادي للمملكة في مجال التجارة الإلكترونية. وعلى الجانب الآخر فقد خطت المملكة خطوات واسعة في العمل بنظام التجارة الإلكترونية، وذلك بطرح وصياغة رؤى وتوجهات وطنية من أجل وضع الأردن على خريطة التجارة الإلكترونية العالمية ومواجهة التحديات التي يفرضها هذا الواقع الجديد. والوقوف على أهم المشكلات التي تواجه المجتمع الأردني وتقف أمام تحوله نحو هذا المجال. وكان عدم وجود نظام للدفع النقدي عبر شبكة الإنترنت من أبرز المشكلات وأهمها على الإطلاق. وللتغلب على هذه المشكلة قامت البنوك المحلية بتقديم نظم دفع إلكترونية آمنة وذلك للمرة الأولى في الشرق الأوسط.

الفرق بين التجارة الإلكترونية والأعمال الإلكترونية:

يشيع لدى الكثيرين استخدام اصطلاح التجارة الإلكترونية E-MARCE رديفا لاصطلاح الأعمال الإلكترونية E-BUSINESS، غير أن هذا خطأ شائع لا يراعي الفرق بينهما، فالأعمال الالكترونية أوسع نطاقا واشمل من التجارة الالكترونية، وتقوم الأعمال الإلكترونية على فكرة اتمتة الأداء في العلاقة بين إطارين من العمل، وتمتد لسائر الأنشطة الإدارية والإنتاجية والمالية والخدماتية، ولا تتعلق فقط بعلاقة البائع أو المورد بالزبون،

إذ تمتد لعلاقة المنشأة بوكلائها وموظفيها وعملائها، كما تمتد إلى أنماط أداء العمل وتقييمه والرقابة عليه، وضمن مفهوم الأعمال الالكترونية، يوجد المصنع الالكتروني المؤتمت، والبنك الالكتروني، وشركة التأمين الالكترونية والخدمات الحكومية المؤتمتة والتي تتطور مفاهيمها في الوقت الحاضر نحو مفهوم أكثر شمولا هو الحكومة الالكترونية، وأية منشأة قد تقيم شبكة (انترانت مثلا) لإدارة أعمالها وأداء موظفيها والربط بينهم. في حين أن التجارة الالكترونية نشاط تجاري وبشكل خاص تعاقدات البيع والشراء وطلب الخدمة وتلقيها بآليات تقنية وضمن بيئة تقنية .

مؤشرات حول تكنولوجيا المعلومات والتجارة الإلكترونية:

1- مؤشرات عالمية:

لقد بلغ حجم التجارة الإلكترونية في العالم حوالي 3.8 تريليون دولار في عام 2003، وذلك وفقا لتقديرات الأمم المتحدة، وقد تضاعف الرقم ليصل إلى 6.8 تريليون دولار في نهاية عام 2004، وان نحو 80% من حجم التجارة في العالم يتم في الولايات المتحدة الأمريكية، 155 في أوروبا الغربية، 5% في بقية دول العالم، معظمها أو نحو 4% منها يتم في اليابان. كما ويشكل حجم التجارة الإلكترونية بين مؤسسات الأعمال (Business to Business) حوالي 80% من حجم التجارة الإلكترونية في العالم. هذا

ويعود ضعف التعامل بالتجارة الإلكترونية في الدول النامية إلى عدة أسباب أهمها [1]:

1. عدم وجود وعي لما يمكن أن توفره تكنولوجيا المعلومات والتجارة الإلكترونية

2. عدم كفاية البنية التحتية للاتصالات اللاسلكية والوصول بشبكة الإنترنت

3. ارتفاع كلفة الوصول إلى شبكة الإنترنت

4. الافتقار إلى الأطر القانونية والتنظيمية المناسبة

5. نقص القدرة البشرية المطلوب

6. عدم استعمال اللغة المحلية والمحتوى المحلي

7. نقص المبادرة الفردية

8. الافتقار إلى ثقافة مؤسسات أعمال منفتحة على التغيير والشفافية

هذا وقد تبين أن هنالك اتفاق متزايد على إسهام التجارة الإلكترونية بشكل إيجابي يساعد على نمو الإنتاجية وقدرة الشركات والمؤسسات على

---

[1] فرح منصور، التجارة الإلكترونية في الوطن العربي: الوضع الراهن والآفاق المستقبلية، بحث مقدم لندوة العلوم والتكنولوجيا في الوطن العربي: الواقع والطموح (387-403) عمان 20-2001/10/21م، بيروت، المؤسسة العربية للدراسات والنشر، الطبعة العربية الأولى، 2002م، ص390

التنافسية، إضافة إلى إتاحة الفرصة من اجل الوصول إلى الأسواق الجديدة تنشأ عنها فرص عمل جديدة تؤدي بدورها إلى خلق فرص عمل جديدة وصولا إلى توليد ثروة ونمو اقتصادي مستدام.

2- التأثير على مؤسسات الأعمال

إن لتكنولوجيا المعلومات والتجارة الإلكترونية تأثير على أداء مؤسسات الأعمال والصناعات، إضافة إلى تأثيرها على القدرة التنافسية وذلك من خلال الكم الهائل من المعلومات التي يمكن الحصول عليها من خلال شبكة الإنترنت، وهذا بدورة يؤدي إلى نقل المعارف وإلى تحسين التنظيم. وقد أصبحت أنواع تكنولوجيا المعلومات والاتصالات أدوات مهمة من اجل تحسين القدرة التنافسية والتي تؤدي بدورها إلى تحسن في القدرة الإنتاجية وزيادة القدرة التنافسية الدولية وذلك من خلال خفض تكاليف المعاملات التي ينطوي عليها إنتاج وتبادل السلع والخدمات، إضافة إلى زيادة كفاءة وظائف الإدارة، وتمكين الشركات ومؤسسات الأعمال من الوصول إلى المعلومات وتبادل المزيد منها. وإذا كانت تكنولوجيا المعلومات والاتصالات والتجارة الإلكترونية تحسن الإنتاجية في الأنشطة الإنتاجية القائمة، فإنها تتيح أيضا ظهور أنشطة اقتصادية وغيرها جديدة، مثل البحث على شبكة الإنترنت مباشرة عن مصادر خدمات في الخارج، وإنتاج أنواع مختلفة، السلع والخدمات ذات العلاقة بتكنولوجيا المعلومات والاتصالات والتجارة الإلكترونية. وهذه

الأنشطة تمكن الدول المتقدمة والنامية من تنويع اقتصادياتها، إضافة إلى زيادة قدرتها على المنافسة، وإنتاج خدمات وسلع ذات قيمة مضافة عالية تساهم بدورها في دعم الاقتصاد المحلي. كما تلعب تكنولوجيا المعلومات والاتصالات والتجارة الإلكترونية دورا إيجابيا في اقتصاديات الدول[1].

إن الكثير من الفوائد الاقتصادية الموعودة والناتجة عن استخدام تكنولوجيا المعلومات والاتصالات أخذت تتحقق، وتستعد مؤسسات الأعمال الآن للتجارة الإلكترونية بشكل اكبر وأكثر فاعلية، ففي حين أن الاستثمار الكلي في تكنولوجيا المعلومات قد انخفض بنسبة 6.2% منذ عام 2001، يقدر أن ميزانيات الأعمال الإلكترونية قد ارتفعت بنسبة وصلت إلى 11% في عام 2002، وهبط النمو السنوي للاستثمار في الأعمال الإلكترونية بنسبة 4% في عام 2003، إلا أن هذا المعدل كان أسرع بمقدار الضعف من نمو الاستثمارات الكلية في تكنولوجيا المعلومات.

إن عدد مستخدمي الإنترنت في العالم قد بلغ 591 مليونا في عام 2002، وان كان المعدل السنوي للنمو قد تباطأ إلى 20%. وفي نهاية عام 2002، بلغت نسبة مستخدمي الإنترنت في البلدان النامية 32% من عدد مستخدميها في العالم، بينما مثلت الولايات المتحدة الأمريكية وأوروبا نسبة وصلت إلى 89% من ذلك العدد. وما زالت سعة النطاق الترددي المتوفرة

[1] Caroline Freund and Diana Weinhold , The Internet and International Trade in Services, American Economic Association (Papers and Proceedings), May 2002. pp. 236-240

لمستخدمي الإنترنت الأفريقي العادي تقل 20 مرة تقريبا عن نظيرة الأوروبي، و8.4 مرات عن نظيرة في الولايات المتحدة الأمريكية. وعلى الرغم من أن مستوى استعداد البلدان النامية لتطبيق التجارة الإلكترونية أدنى من نظيرة في الدول مرتفعة الدخل، فقد حدد في جميع دول العالم عدد من الدول التي يمكن أن تصنف باعتبارها متقدمة نسبيا والتي اعتمدت تكنولوجيا المعلومات والاتصالات، إضافة إلى أن الدول النامية لم تتأثر سلبا نتيجة لاندماجها في الاقتصاد الرقمي. هذا وتعتبر السياسات العامة التي تدعم توسيع مجتمع المعلومات من بين العوامل التي تسهم وتدعم فكرة الميزة النسبية التي تتمتع بها تلك الفئة من الدول النامية التي قامت باستخدام تكنولوجيا المعلومات والاتصالات والتجارة الإلكترونية في وقت مبكر.

تأثير التجارة الالكترونية:

اثر الأسواق علي عمليات الأعمال والمنظمات.

بسبب عدم توفير البيانات الإحصائية والأبحاث التجريبية عن التجارة الالكترونية بسبب حداثة هذا الموضوع فان الدراسة المتعلقة بموضوع تأثير التجارة الالكترونية واثر الأسواق الالكترونية تعتمد أساسا علي آراء الخبراء والتحليل الشخصي- لهذا الموضوع وبعض البيانات الحقيقية .

أن تقنيات الويب الجديدة وفرت فرص غير مسبوقة لإعادة التفكير استراتيجيا بنموذج الأعمال والعمليات والعلاقات [1] أطلق علي هذه الفرص (e- opportunity) وقد قسمها إلي ثلاث تصنيفات وهي : التسويق الالكتروني (e - marketing) وتعتمد على الويب وتحسن من عمليات التسوق للمنتجات الموجودة والتصنيف الثاني العمليات الالكترونية e- operutiom وتعتمد على الويب وتحسن في عمليات إنتاج المنتجات والتصنيف الثالث الخدمة الالكترونية (e - service) وتعتمد على الويب وتحسن في خدمة العميل .

كما تعتمد دراسة هذا الموضوع علي ما قدمه (Bloch) وآخرون 1996 والذي درس تأثير الأصوات الالكترونية على المنظمات من جانب القيمة

([1]) Feeny, D. " Making Business Sebsc of the E. opportunity". Mit sloan Management Review (Winter, 2001), 41-51.

المضافة[1] ويقسم تأثير الأسواق الالكترونية إلي ثلاث أقسام هي تحسين التسويق المباشر ، تحويل المنظمات ، إعادة تعريف المنظمات.

أولا : تحسين التسويق المباشر:

يمارس التسويق المباشر التقليدي من خلال البريد المباشر أو الكتلوجات والتسويق الاتصالي أو البيع عن طريق الهاتف ، وفي عام 2002 يكتب مبيعات التسويق المباشر التقليدي (110) مليار دولار أمريكي في حين كان التسويق المباشر عبر الحواسيب في نفس العام قد تجاوز (5) مليار دولار أمريكي، وما زال الرقم متزايدا ، إلا انه نمى بنسبة عالية خلال أقل من ثلاث سنوات[2] ويرى (Bloch) أن دور التجارة الالكترونية في تحسين التسويق المباشر أو تأثير التجارة الالكترونية تكون في المجالات الآتية[3]

أ- ترويج المنتجات (product promotion)

تساعد التجارة الإلكترونية في ترويج المنتجات والخدمات من خلال الاتصالات المباشرة مع المستهلكين حيث يتم تزويد المستهلكين بمعلومات غنية عن الأسواق والمنتجات[4]

---

(1) Bloch, M., et al . "Levorging electronic commerce for competitive advantage: A Business value frame works proceeding of the ninth international conference EDI- 10s, Bled Slovenia, June 1996.

(2) Turban, E. et al, Electronic Commerce, New Jersey , person education, prentice Hall, 2004.

(3) Bloch, M., et al . "Levorging electronic commerce for competitive advantage Ibd. 1996.

(4) Choi, S.Y., and A.B. Whinstone, The internet economy. Technology \, and practice, Austin, Txismarte com. Com, 2000.

ب-‏ قنوات توزيع جديدة (new sales channel)

تساهم التجارة الالكترونية في تكوين قناة توزيعية جديدة للمنتجات الموجودة ويعـزى ذلك ندرة تلك القناة على الوصول للمستهلكين وبشكل مباشر وذلك مـن خـلال الاتصـالات الثنائية المتداولة (two – way mutual communication)

ج- الوقورات المباشرة (direct saving)

تحقق عمليات استخدام الانترنت لإيصـال المعلومـات إلي المسـتهلكين وقـورات الكلفـة بالنسبة لمرسلي هذه المعلومات (بالمقارنة مع عمليات التسليم غير الالكترونية) أو التسليم من خلال نظم شبكات القيمة المضافة (Value – added net works / van) كـما يمكـن تحقيـق وقورات بهذا التسليم المنتجات الرقمية (digital Product) مثل الموسـيقي والبرمجيـات مـع المقارنة مع التسليم المادي . [1]

د- تقليص دورة الوقت (raeduced cycle time)

يساعد استخدام التجارة الالكترونيـة في تقليص الفـترة الزمنيـة التـي تسـتغرقها عمليـة تسليم المنتجات والخدمات الرقمية إلي ثوان معدودة كما يمكن تقليص العمل الإداري المرتبط بالتسليم المادي (خصوصا عبر

---

[1] Feeny, D. " Making Business Sebsc of the E. opportunity". Mit sloan Management Review (Winter, 2001), 41-51.

الحدود الدولية) بشكل كبير مما يؤدي إلي تقليص دورة الوقت بأكثر من 90 بالمائة. [1]

هـ - خدمة المستهلك أو العميل (Customer service)

تعزز خدمة المستهلك بشكل كبير من خلال تمكين المستهلكين من الحصول على معلومات تفصيلية من خلال الشبكة بشكل مباشر وقوى . [2]

و- صورة الصنف أو الشركة (Brand or corporate image)

بإمكان الداخلين الجدد إلي الموقع الشبكي تكوين الصورة الذهنية السريعة عن الشبكة ، مما تحققه الشركات التي تستخدم التجارة الالكترونية يفوق بمئات المرات ما حققته الشركات التقليدية عبر أجيال عديدة كالعديد من الشركات اليوم تستخدم الانترنت والمواقع الالكترونية لتأكيد هويتها والصورة الذهنية عن أصنافها. [3]

---

[1] Kambil. A. and E. van Heck, Markin Markets Boston. Harvard Business school Press, 2000.

[2] Greater China (CRM). Org. Definitions of CRM: Perspective of CRM Gurucom's Contributors" greater China crm. Org/ebg/cibteb\nt-detais, Jsp? Contented = 413 and subject id = 9.

[3] Ibd .

ثانيا : تحويل المنظمات :

أ- التكنولوجيا والتعلم التنظيمي Technology and organizational learuily

إن التقديم السريع في مسار التجارة الالكترونية سيدفع بالشركات للتكيف السريع مع التكنولوجيا السريعة[1] حيث توفر لهذه الشركات فرصة تجربة منتجات وخدمات عمليات جديدة وينبغي علي الشركات أن تسارع لتعلم التقنيات الجديدة هذا التعلم قد تتبعه تغيرات إستراتيجية وهيكلية ، ومن شأن هذه المرحلة بالفعل فان من شأن ذلك إحداث تأثيرات كبيرة على استراتجيات معظم المنظمات[2] ، وعليه فان من الضرورة جدا إن تسارع هذه المنظمات للتكيف إلا إن يتنحى التعليم الخاص بإجادة مثل هذه التقنيات وفهم مدى تأثيراتها الهائلة على إعادة تشكيل العلاقات مع العميل لا يمكن تحقيقه بسرعة أو سهولة بالتأكيد عملية تحتاج إلي إعادة تكرار متواصلة وتتطلب من المنظمات تجربة عروض جديدة وإعادة ترتيبها طبقا للمعلومات الراجعة من العملاء .

وبنفس الطريقة تتطلب التقنيات الجديدة مداخل تنظيمية جديدة كوحدة الهيكل التنظيمي التي تتعامل مع التجارة الالكترونية مثلا قد تكون مختلفة عن

---

(1) Kapp, K. " A Framework of successful E. technology implementation: Understand, Simplify, Automat" Journal of organization excellent (winter 2001): 57-64..

(2) Pine, K. II. Mass customization. Boston; Harvard Business school Press, 1999.

إدارات التسويق والمبيعات التقليدية ولكي تكون المنظمة أكثر مرونة واستجابة للسوق فان عليها أن تستحدث عمليات جديدة بدلا من عملياتها التقليدية وينبغي تعلم كيفية تخطيط إدارة مثل هذه التغيرات[1] وقد تضطر المنظمات إلي القيام بعدة تجارب في هذا المجال قبل أن يستقر رأيها علي التغيير الأقرب إلي أهدافها وتطلعاتها المشرقة.

ب- **تغيير طبيعة العمل** changing nature of work

تشهد اليوم تحولا في طبيعة العمل والتوظيف وفي الواقع أن هذا التحول محدود فبحكم زيادة حدة المنافسة في الأسواق العالمية بدأت الشركات على اختلاف أنواعها بتقليص عدد العاملين لديها مقتصرة على العاملين ذوى الخبرة والكفاءة والمهارات المتميزة كما صار هنالك عدد متزايد من الشركات يستعين بشركات أو متعهدين خاصين للحصول على مبتغاه من الخدمات الخارجية (outsourcing) [2] وذلك بهدف تقليص التكاليف تفعيل الإنتاجية والفاعلية وتداوت هذه الحالة إلى تنامي الفرص وكذلك المخاطر حيث الشركات تتسارع لإحداث تغيرات جوهرية في طبيعة أعمالها وسياسات التوظيف التي كانت تنتجها قبل ظهوره العصر

([1]) Porter, M. E. “stralagy and the internet” .Harvard Business Review (March 2001).

([2]) Sadch, N. Mobile Commerce New Technologies, services and Business Model, New York, John Wiley and Sons, April 2002.

الرقمي ومن المتوقع إن تحدث ثورة حقيقية في مجال الوظائف والأجور والتدريب والتأهيـل .

⁽¹⁾

وفي العصر الرقمي سيكون على العاملين أن يتحلوا بصفات المرونة والابتعاد عن الشخصية في العمل والأداء بحيث يكونوا على استعداد تام للتعلم والتكيف مع المستجدات وان يتخذوا قراراتهم بالاعتماد على الصلاحيات المفوضة إليهم وقد تشهد بيئة العمل نفسـها متغيرات جوهريـة بحيـث يصبح من المألوف جدا قيام العاملين بأداء واجباتهم من منـازلهم عـبر شبكات العمل الالكترونيـة وينبغي من الشركات تحفيز العاملين وتفويض الصلاحيات لهم في إطار تنظيم لا مركزي مرن ⁽²⁾ .

ثالثا : إعادة تعريف المنظمات

هنالك بعض الطرق التي تساهم فيها التجارة الالكترونية في إعادة تعريف المنظمات هي:

أ-   قدرات المنتج الجديد New and improved product capabilities

---

(¹) Slywotzkty, A. J. and Morrison. How Digital is Your Business? London Nicholas Brealy publishing , 2001.

(²) Bloch, M., et al . "Levorging electronic commerce for competitive advantage: A Business value frame works proceeding of the ninth international conference EDI- 10s, Bled Slovenia, June 1996

للتجارة الالكترونية دور مهم جدا في تمكين المنظمة من ابتكار وتكوين منتجات جديـدة أو تعديل المنتجات القائمة بما ينسجم مع حاجات ورغبات الأسواق الالكترونية والتقليدية معا، فالمنتجات والسلع والخدمات ينبغي إن تفصيل على مقياس العملاء وان يكـون إنتاجهـا وفـيرا (mass customization) [1] ويتطلب وضع كهذا إجراء تعديلات على مفهوم التنظيم نفسـه وعلى أساليب القيام بالأعمال[2] كما إن التجارة الالكترونية تمكن الموردين مـن تجميـع بيانـات شخصية عن العملاء الأمر الذي يستدعي إنشاء قواعد بيانات تفصيلية ومحدثـة عـن هـؤلاء العملاء ، فالأساليب التقليدية في الحصول على مثل هذه البيانات وتجميعها وتحليها لم تعـد ذات جدوى في العصر الرقمي ، فالإنتاج الكبير المفصل على مقياس العملاء سيمكن الشركات من تكوين منتجات محددة لكل عميل وذلك في ضوء حاجاته ورغباته وخصوصياته .

ب-   نماذج الأعمال الجديدة

إن التغيرات الذكر لن تؤثر فقط على المنظمات المنفردة والاجتماعية أيضا على صناعات يرقها ، الأمر الذي سيؤدي بالتأكيد على استخدام نمـاذج أعمال جديـدة تسـتند إلي ثورة مـن المعلومات التفصيلية وكيفية

[1]   Wind. Y. "The Challenge of Customization in financial service". The communication of the Acm (2001). 41.
[2]   Werbach, K. "Syndication – The Emerging model for Business in the internet Era". Harvard Business Review (May June 2000). .

إيصالها إلي العملاء على اختلاف أنواعهم ومن النماذج الرائدة في هـذا المجـال تلـك المتعلقـة بوسطاء المعرفة الالكترونية (cybermediaries) والذين يمثلون حلقة الوصل المعلوماتي ما بـين الشركات والعملاء ، كما يمكن للاقتصاد الرقمـي إحـداث متغـيرات جوهريـة في نظـم التصـنيع التقليدية وغير ذلك تغير في أساليب الموارد البشرية أنصار عصر- الانترنـت الرقمـي والاقتصـاد الرقمي مطالبة باستحداث نظم جديدة لإدارة التغيير (change management)

ج- تحسين سلاسل التوريد improving the supply chain

من الفوائد الرئيسية للتجارة الالكترونية والأسواق الالكترونية تلك التحسـينات المحتملـة في سلاسل التوريد حيث أحدثت التجارة الالكترونية تغييرا في شكل سلسلة التوريـد في الشـكل الخطي (linear) التقليدي إلي ل (HUB) والذي يسمح بانتقال المعلومـات بسـهولة وسلاسـة. (1)

د- تأثير التجارة الالكترونية على التصنيع :

ذكرت سابقا كيف تحولت نظم التصنيع في الإنتاج بكميات كبيرة (mass production) إلي الإنتـاج وتفصـيل المنـتج عـلي مقيـاس العمـلاء بكميـات كبـيرة (mass customization) والإنتاج حسب الطلب (Build – to - order) وهو نظام إنتاج حيث تبدأ عمليات الإنتاج

---

(1) Stander, T. J., and H. J, Shaw "Characteristics of electronic Market". Decision support systems, No. 21 (1997).

والتجمع فقط عندما يتم استلام الطلب من العميل[1] وقد ذكرنا سابقا أن هذه العملية تحتاج إلي توفي قاعدة بيانات تفصيلية عن العملاء .

هـ - التأثير على الأمور المالية :

تحتاج التجارة الالكترونية إلي نظم مالية محاسبية خاصة مثل نظم الدفع الالكتروني حيث يصبح نظام الدفع التقليدي غير فعال وغير مجدي للتجارة الالكترونية وتعتبر هذه الأنظمة معقدة كثيرا لمسائل قانونية تتعلق بها إلا أن أثرها ذو كفاءة عالية للتسريع عمليات انتقال الأموال وإنجاز المعاملات بسرعة فائقة .[2]

و- التأثير على إدارة الأفراد والتدريب :

لقد غيرت التجارة الالكترونية أساليب توظيف الأفراد وتقيمهم وتشجيعهم وتطويرهم وتدريبهم وتعليمهم ، فقد ظهرت هنالك أساليب التعليم الالكتروني ، وعند استخدام الانترنت في شؤون الأفراد والتوظيف والتدريب فان ذلك يعني توفير فرص لم تكن موجودة في السابق كذلك يمكن تقليل كلفة التدريب إلي النصف أو أكثر من ذلك وفي نفس الوقت فان المنظمات تجد أن التعليم الالكتروني يمكن أن يكون تذكرتها للبقاء في ظل البيئة المتغيرة والتغير في التكنولوجيا يتطلب التعلم المستمر للتكيف معها.

([1]) Pine, J., ii Mass Customization. Boston; Harvard Business Press 1999.

([2]) Throban, E. et al. Information technology for management 4thed, New York: Wiley 2004.

المبحث الثاني

صفات التجارة الإلكترونية

توصف التجارة الإلكترونية والمطبقة على شبكة الإنترنت بعدة صفات أهمها[1]:

1. لا يوجد استخدام للوثائق الورقية المتبادلة والمستخدمة في إجراء وتنفيذ المعاملات التجارية كما أن عمليات التفاعل والتبادل بين المتعاملين تتم إلكترونيا ولا يتم استخدام أي نوع من الأوراق. ولذلك تعتمد الرسالة الإلكترونية كسند قانوني معترف به من قبل الطرفين عند حدوث أي خلاف بين المتعاملين.

2. يمكن التعامل من خلال تطبيق التجارة الإلكترونية مع أكثر من طرف في نفس الوقت، وبذلك يستطيع كل طرف من إرسال الرسائل الإلكترونية لعدد كبير جدا من المستقبلين وفي نفس الوقت، ولا حاجة لإرسالها ثانية، ويعتبر هذا النوع من التفاعل فريد وجديد من نوعه، ولم يسبق أن استخدم من قبل.

3. يتم التفاعل بين الطرفين المتعاملين بالتجارة الإلكترونية بواسطة شبكة الاتصالات، وما يميز هذا الأسلوب هو وجود درجة

---

[1] باسل الجبر، التجارة الإلكترونية: منطقة تجارة عالمية حرة خلال الإنترنت، وزارة التجارة، المملكة العربية السعودية. متاح في:(http://www.commerce.gov.sa/ecomm/art1.asp)).

عالية من التفاعلية من غير أن يكون الطرفان في نفس الوقت متواجدين على الشبكة.

4. عدم توفر تنسيق مشترك بين كافة الدول من اجل التنسيق وصدور قانون محدد لكل دولة مع الأخذ بعين الاعتبار قوانين الدول الأخرى، وهذا بدورة يعيق التطبيق الشامل للتجارة الإلكترونية.

5. يمكن أن يتم بيع وشراء السلع غير المادية مباشرة ومن خلال شبكة الاتصالات، وبهذا تكون التجارة الإلكترونية قد انفردت عن مثيلاتها من الوسائل التقليدية والمستخدمة في عملية البيع والشراء، ومثال ذلك التقارير والأبحاث والدراسات والصور وما شابة ذلك.

6. إن استخدام أنظمة الحاسبات المتوفرة في مؤسسات الأعمال لانسياب البيانات والمعلومات بين الطرفين دون أن يكون هنالك أي تدخل مباشر للقوى البشرية مما يساعد على إتمام العملية التجارية بأقل التكاليف وبكفاءة عالية.

أما صفات التجارة الإلكترونية بين مؤسسات الأعمال، فتبين الإحصاءات الرسمية في الولايات المتحدة الأمريكية أن حجم المبيعات السنوية في عام 2001 قد بلغت حوالي 995 مليار دولار، أو 93.3% من مجموع التجارة الإلكترونية للولايات المتحدة الأمريكية. وحسب تقديرات

القطاع الخاص، تراوحت قيمة التجارة بين مؤسسات الأعمال في الاتحاد الأوروبي بين 185 مليار دولار و200 مليار دولار في عام 2002، كما ان التجارة الإلكترونية فيما بين مؤسسات الأعمال قد وصل في أوروبا الوسطى والشرقية إلى حوالي 4 مليارات دولار في عام 2003 [1].

هذا قد نمت هذه التجارة بشكل متسارع في منطقة آسيا والمحيط الهادئ من حوالي 120 مليار دولار في عام 2002 إلى حوالي 300 مليار دولار بنهاية عام 2003، وفي أمريكا اللاتينية فقد بلغت قيمة الصفقات التجارية بين مؤسسات الأعمال على الشبكة مباشرة 6.5 مليارات في عام 2002 وارتفعت لتصل إلى 12.5 مليار دولار في عام 2003 [2].

إطار عمل التجارة الإلكترونية:

هناك نوعين رئيسيين من أنواع التجارة الإلكترونية الأول هو التجارة الإلكترونية بين منشآت الأعمال والمستهلكين (B2C) والثاني بين منشآت الأعمال نفسها (B2B) وتشمل العلاقات التجارية بين المنشآت والموردين والتجارة الإلكترونية داخل المنظمات (intra business) ومع الموظفين (B2E).

---

[1] Butler , H ,(1999) E- Commerce Iscopes and limitation , advantage press , NewYork , P.41

[2] ياسين ، سعد ، والعلاق ، بشير (2004)، مرجع سابق، ص57

ومع العدد القليل من المنتجات والخدمات التي يتم تداولها عالمياً وخصوصاً الخدمات المالية (FINANCIAL SERVICE) فإن التجارة الإلكترونية في الوقت الحالي لا تعد عنصراً مهماً في الاقتصاد العالمي فقط ، والتوقعات بأن تصبح ذات أهمية عالمية في غضون (10-20) سنة [1]، وتعد شبكات الحاسوب من أهم البني التحتية للتجارة الإلكترونية وقد أصبحت الشبكات بيئة معيارية للأعمال والأفراد والحكومة بشكل متسارع، وشبكات الحاسوب تعمل على ربط العديد من الحواسيب والأجهزة الإلكترونية الموجودة في مواقع مختلفة عن طريق شبكات الاتصال السلكية واللاسلكية ، وهذا الربط يسمح للمستخدمين بالوصول إلى المعلومات المخزنة في المواقع المادية المختلفة والاتصال والتشارك بين الناس أيَّ كان موقعهم الجغرافي[2].

وعلى الرغم من أن بعض الأشخاص يستخدمون الحواسيب غير المربوطة بالشبكة (-Stand Alone) إلا أن شريحة واسعة من الناس أصبحت تستخدم ألحواسيب المربوطة بالشبكات العالمية والمعروفة باسم الإنترنت ، وفي المنظمات يتم استخدام ما يسمى بالإنترانيت(Internet) وهي شبكة مؤسسية أو حكومية وتستخدم نفس أدوات الإنترنت مثل متصفح الويب (Browser Web) وبرتوكول الإنترنت (IP) ، وهناك أيضاً

---

(1) Drucker, P, (2002) Monaginy in the Next Society .New York Turman Tally books ,pp-3-4

(2) Elinton, W.J, and A.Gore ,JR op cit, p.15

الإكسترانت(Extranet) وهي شبكة تستخدم الإنترنت لتقوم بربط العديد في شبكات الإنترنت الخارجية [1]

تعتبر الحواسيب المربوطة كمساعد للعديد من المنظمات العامة والخاصة وفي الصناعة والزراعة وقطاع الخدمات ليس فقط من أجل أداء وإنجاز الأعمال بل من اجل البقاء أيضاً.

ويعتبر حقل التجارة الإلكترونية منوعاً متضمناً نشاطات متعددة في الوحدات التنظيمية والتكنولوجيا لذلك فإن إطار العمل الذي يصف محتويات التجارة الإلكترونية يعد ذو فائدة كبيرة [2]. وهي :

1- الناس people : البائعين والمشترين ، والوسطاء ومتخصصين في نظم المعلومات، والموظفين وجميع المشاركين والذين يضطلعون بالتجارة الإلكترونية.

2- السياسة العامة public policy : وتشمل التشريعات القانونية والسياسات المتعلقة بذلك ، وتشمل أيضاً المواضيع القانونية التي تكفل حماية الخصوصية والتي تحدد من قبل الحكومة وتعد المعايير والمقاييس التقنية جزء من السياسة العامة والذي يوضع من قبل الحكومة لحماية الخصوصية وحماية المعاملات التجارية .

[1] Finger ,P , H . Kumar , T . Sharma (2000).Enter pris E- Commerce Tampa , flimeghan kiffer press, p.49

[2] Shaw, M. D., et al. "Hand Book on the electronic commerce. Barlinis spriger verlage, 2000.

3- التسويق والإعلان (Marketing and advertising) : كما هو الحال في الأعمال الأخرى، التجارة الإلكترونية أيضاً تحتاج إلى الإعلان والتسويق ، وخصوصاً في التجارة الإلكترونية بين منشآت الأعمال والمستهلكين (B2C) .

4- خدمات الدعم (SUPPORT SERVICE) : هناك حاجة للعديد من الخدمات الداعمة للتجارة الإلكترونية وتمتد من خلق محتويات الموقع الإلكتروني إلى طرق الدفع الإلكتروني وأيضاً توزيع الطلبات وتوصيلها... الخ .

5- شركاء الأعمال (Business partnership) : تعد المشاريع المشتركة والتبادل والشراكة في الأعمال من الأنواع الشائعة في التجارة الإلكترونية وهذا يحدث بشكل كبير في سلاسل التوريد (supply chain) وخير مثال على ذلك التفاعل بين المنظمة والموردين، والمستهلكين ، والموزعين ... الخ .

مستويات التجارة الإلكترونية :

تعمل التجارة الإلكترونية على ثلاث مستويات تتراوح بين الحضور البسيط على الشبكة إلى الدعم الإلكتروني للعمليات ذات الملكية المشتركة (التقاسمية) التي تعززها شركتان أو أكثر. والشكل رقم (4) يوضح المستويات المختلفة للتجارة الإلكترونية .

الشكل رقم (4)

يوضح المستويات المختلفة للتجارة الإلكترونية .

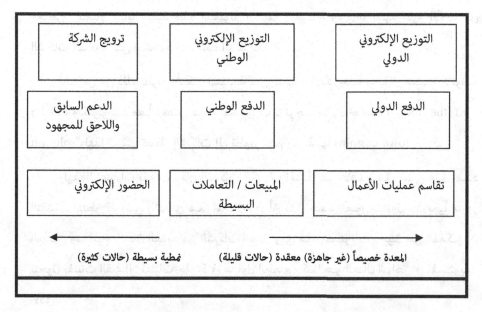

المصدر (العلاق ، بشير، ياسين ، سعد ، التجارة الإلكترونية ،2004 ص 143

المصدر: العلاق بشير، ياسين سعد: التجارة الإلكترونية، 2004، ص 143.

يؤكد الشكل على ضرورة التمييز ما بين التعاملات الوطنية والتعاملات الدولية، والواقع أن
مصادر هذا التمييز ليست فنية وإنما تشريعية فالتجارة الإلكترونية تعتبر أكثر تعقيداً على مستوى
الدولي مقارنة بالمستوى الوطني وذلك بسبب عوامل كثيرة مثل الضرائب وقوانين التعاقد
ومدفوعات الرسوم الجمركية والاختلافات في الممارسات المصرفية 25

ومن الملاحظ أن المستويات الأدنى للتجارة الإلكترونية تختص بمسائل مثل الحضور الإلكتروني على الشبكة وترويج الشركة والدعم السابق واللاحق للجهود البيعية ومن خلال استخدام التقنيات الجاهزة تصبح عملية تنفيذ هذه المستويات سهلة وبسيطة، وهو ما تشهد عليه الآلاف من الشركات الصغيرة التي تستخدم مثل هذه التقنيات. 26

بالعكس من ذلك تطرح الأشكال المتقدمة من التجارة الإلكترونية مشاكل معقدة قانونية وثقافية وتكنولوجية معاً ، فعلى هذه المستويات لا توجد حلول جاهزة (off the shelf" solution"ولهذا السبب تضطر الشركات إلى تطوير نظم خاصة بها (own custom)[1].

ولهذه الاعتبارات بالذات ، فإن الشركات الكبيرة والفنية هي الأقدر على تبني مثل هذه التقنيات المتطورة ، وهي رائدة في هذا المجال ، إلا أن مثل هذه الأمور ستزول تدريجياً بمرور الوقت ، وسيصبح بإمكان العديد من الشركات العمل وفق هذه المستويات ، حيث من الممكن أن تتحول تقنيات القلة إلى تقنيات جاهزة في متناول الجميع ، كما هو الحال الراهن في المستويات الأدنى .

تلعب درجة تنفيذ الأنشطة الفرعية ذات الارتباط المباشر بأداء المعاملات التجارية دورا بارزا بتعدد مستويات التجارة الإلكترونية وذلك طبقا لدرجة

([1]) Applegate, L.M (2000) " E- business Model " New Jersey : prentice hall p.109

الأنشطة. هذا وتتراوح في الأداء بين مستوياتها المختلفة، فهنالك المستويات البسيطة، والمستويات الأكثر تطورا وعلى النحو التالي:

1- التجارة الإلكترونية ذات المستوى البسيط:

ويشمل هذا النوع من التجارة الإلكترونية الترويج للسلع والخدمات، إضافة إلى الإعلان والدعاية لتلك السلع والخدمات، وهذه الخدمات تحتوي في مضمونها خدمات قبل وبعد عملية البيع، حيث يعتبر هذا النوع ذات درجة متقدمة من التبادلات التجارية وخصوصا عند تطبيقه في الدول النامية والتي تفتقر إلى حد ما إلى تقديم خدمات ما بعد البيع، ولذلك يعتبر هذا النمط كبير لمؤسسات الأعمال في تلك الدول، أما بالنسبة إلى الدول المتقدمة، فهذا يضعها في مستوى اكبر وتحدٍ يجعلها تبحث عن وسائل جديدة لزيادة درجة ونوعية الخدمات المطلوبة منها ليس فقط قبل البيع بل بعد البيع على حد سواء. هذا وتتضمن التجارة الإلكترونية ذات المستوى البسيط عملية التوزيع الإلكتروني للسلع والخدمات وخصوصا غير المادية منها، إضافة إلى التحويلات البسيطة للأموال وذلك عن طريق بوابات الدفع الإلكترونية.

2- التجارة الإلكترونية ذات المستوى المتقدم:

إن هذا النوع من المستويات والذي يعتبر متقدما إذا ما قورن بالمستويات البسيطة والتي تحتوي في مضمونها على الترويج والخدمات قبل وبعد البيع والتحويلات البسيطة، يأتي هذا النوع ليركز في مضمونه على عمليات

وإجراءات الدفع التي تتم عبر الإنترنت، والتي تعتبر عملياً ذات مستوى يحتاج إلى توعية كبيرة من قبل المتعاملين على هذا المستوى. هذا وتعتبر عمليات الدفع على كافة المستويات، إن كانت على المستوى المحلي أو على المستوى الوطني، أو الدفع على المستوى الدولي، تعتبر بمجملها مستويات ذات تطور متقدم وبحاجة إلى اخذ الحيطة والحذر عند التعامل على هذا المستوى.

القوى الدافعة للتجارة الإلكترونية :

من أجل التعرف على حقيقة الأسباب التي جعلت التجارة الإلكترونية ذات شعبية واسعة بين الأفراد ومنشآت الأعمال لا بد من دراسة بيئة الأعمال والضغوط التي تمارس على المنظمات واستجابات هذه المنظمات لمثل هذه الضغوط وكذلك الدور الإستراتيجي الحالي والمحتمل للتجارة الإلكترونية وذلك في إطار القوى المحركة أو الدافعة للتجارة الإلكترونية.[1]

الثورة الرقمية (The digital revolution) :

يعود مصطلح الاقتصاد الرقمي (Digital economy) إلى ذلك الاقتصاد القائم على تقنيات رقمية والذي يتضمن شبكات الاتصالات الرقمية (الإنترنت ، الإنترانيت ، الإكسترانت) وشبكات القيمة المضافة (van2) وكذلك الحواسيب والبرمجيات وتقنيات المعلومات المرتبطة بذلك ،

---

(1) **ياسين ، سعد ، والعلاق ، بشير (2004)، " مرجع سابق ، ص19**

والاقتصاد الرقمي عادة يطلق عليه (اقتصاد الإنترنت) أو الاقتصاد الجديد ، أو اقتصاد الويب ، وفي هذا الاقتصاد الجديد فإن الشبكات الرقمية والبنى التحتية للاتصالات توفر إمكانية التواصل والتفاعل والاتصال بين الأفراد ، والمنظمات وكذلك توفر إمكانية البحث عن المعلومات ، والاقتصاد الجديد يتضمن عدة خصائص: [1]

1- حجم هائل من المنتجات ،قواعد البيانات ، والأخبار والمعلومات والكتب والمجلات وبرامج التلفاز والراديو والأفلام ، والألعاب الإلكترونية ، والموسيقى والبرمجيات ، والتي يمكن تحويلها إلى صيغة رقمية ومن ثم نقلها عبر الشبكة لأي مكان وفي أي وقت

2- يقوم المستهلكون والمؤسسات بالعمليات المالية رقمياً من خلال الشبكات والأجهزة المتحركة.

3- عمليات المعالجة والربط الشبكي للمنتجات والخدمات في المنازل ووسائل النقل.

ويعود مصطلح الاقتصاد الرقمي أيضاً إلى تحول عمليات الحوسبة وتقنيات الاتصال إلى الانترنت والشبكات الأخرى مما ينتج عنه انسياب للمعلومات والتقنيات والتي تؤثر في التجارة الإلكترونية وفي التحول الكبير للمنظمات، وهذا التحول يسمح بتخزين ومعالجة وتصل المعلومات بكافة

([1]) Choi , s . y , and A.B. Whinston op cit. p.59

أشكالها (بيانات، معلومات، شخصية، ومعلومات مرئية .... الخ) عبر الشبكة إلى أي مكان بالعالم.

ساعد الاقتصاد الرقمي في خلق ثورة اقتصادية والتي دل عليها الأداء الاقتصادي غير المسبوق للاقتصاد الأمريكي في الفترة (1999-2000) والمرتبطة بفترة انخفاض التضخم في تلك الفترة التجارية الإلكترونية القائمة على تقنيات الويب والتي ساعدت في تسارع الثورة الرقمية عن طريق تحقيق الميزة التنافسية للمنظمات وفي الدراسة التي قام بها (lederer 1998) والتي تحمل عنوان (enhancing creating strategic advantage)competitiveuss or والتي ركز فيها على التجارة الإلكترونية كإستراتيجية فعالة لتحقيق ميزة تنافسية للمنظمة[1] وسنلقي الضوء على بعض هذه التعزيزات التي قدمتها التجارة الإلكترونية في بيئة الأعمال في العنوان التالي :

بيئة الأعمال الجديدة :The New Business Environment

من أجل فهم مدى مساهمة التجارة الإلكترونية وتأثيرها على المنظمات ، لا بد من فحص بيئة الأعمال هذه الأيام، والضغوطات التي تخلقها التجارة الإلكترونية في دعم هذه الاستجابة[2]. والعوامل الاقتصادية والاجتماعية والقانونية التكنولوجية التي خلقت بيئة تنافسية عالية في بيئة الأعمال والتي

(1) lederer , A.L, et al op cit. p.26
(2) elinton, w.j, and A.Gore ,jr op cit. p.88

زادت من قوة **المشتري** وخلقت بيئة تنافسية عالية في بيئة الأعمال وهذه العوامل يمكن أن تتغير باستمرار وبشكل لا يمكن التنبؤ به وعلى سبيل المثال يقول(james strong) المدير التنفيذي ل (qantas Airways)" إن الدرس الذي تعلمناه هو كيف تتغير الأشياء بسرعة يجب إن تحضر للتحرك السريع حسب ما تقتضيه الظروف (Business review weekly of Australia August (2000المنظمات تحتاج إلى رد الفعل السريع لكل من المشاكل والفرص التي تنتج في بيئة الأعمال الجديدة لأن التغير وعدم التأكد علامة فارقة في بيئة الأعمال وهي متسارعة بشكل كبير[1] والمنظمات اليوم تعمل تحت ضغوط متزايدة لإنتاج منتجات أكثر وبشكل أسرع وبأقل كلفة وبالنسبة ل (Huber ,2003) فإن بيئة الأعمال الجديدة ظهرت نتيجة للتحسينات الكبيرة في العلوم والتي تتطور بمعدل متسارع، وهذه التحسينات ولدت معرفة علمية ، والتطور السريع في التكنولوجيا ولّد أنظمة عديدة ومعقدة[2] ومن خلال هذه المقدمة يمكن ملاحظة هذه الخصائص المتعلقة ببيئة الأعمال الجديدة.

ومن هذه الخصائص : أنها بيئة اتخاذ القرارات ، قرارات شمولية وذات نظرة واسعة لأن هناك عوامل كثيرة يجب أخذها بعين الاعتبار مثل (الأسواق

([1]) lipnack , j, and j. stamps .(2000) virtual teams - Reaching Across space , time , and organization with technology , 2nd ed , new york, John wily and sones , P.59

([2]) Huber, G. op cit. p.19

المنافسة ، العوامل السياسية، العولمة) وهناك حاجة كبيرة للمعلومات والمعرفة من اجل عملية صنع واتخاذ القرار.[1]

نموذج البيئة/ الاستجابة والدعم the Environment - Response- suppont model من اجل النجاح والبقاء في ظل هذا التغيير والضغوط البيئية لا يكفي المنظمة إن تقوم بإجراءات أو رد فعل تقليدي مثل تقليل الكلفة أو إغلاق والتخلص من الأعمال عديمة الفائدة بل على المنظمة إن تقوم بعمل منتج مثل خلق منتجات كما يرغب المستهلك (Critical Response Activities) وهذه الأنشطة الحرجة يمكن إن تحدث من عمليات المنظمات جميعها أو بعضها ، وتبدأ من العمليات اليومية إلى النشاطات الإستراتيجية، والاستجابة يمكن إن تحدث في سلاسل التوريد Supply chain ونشاطات الاستجابة يمكن إن تكون رد فعل لضغط معين على الأنظمة ويمكن إن تكون الاستجابة وسيلة دفاعية للمنظمة للتعامل مع الضغوطات المستقبلية ، ويمكن إن تكون نشاطاً لاستكشاف فرصة يمكن إن تحصل عليها المنظمة في تلك البيئة المتغيرة [2].

العديد من نشاطات الاستجابة يمكن إن توفرها التجارة الإلكترونية وفي بعض الحالات تكون التجارة الإلكترونية هي الحل الوحيد لهذه

([1]) Salouer , G.(2001) Creating and Capturing value : Perspective and Cases on E-commerce . New York : Wiley p.59

Turban , E ,et al ,(2004) Electronic commerce , New Jersey , person
([2]) education ,prentice hall ,p.21

الضغوطات. ويمكن توضيح العلاقة بين ضغوط الأعمال والاستجابة التنظيمية والتجارة الإلكترونية من خلال الشكل رقم (5) ، الضغوط تظهر كأسهم تنطلق من العوامل البيئية باتجاه المنظمة (السهم الداخل)، أما الاستجابة التنظيمية تظهر كأسهم خارجة من المنظمة باتجاه بيئة الأعمال (السهم الخارج)، والاستجابات التنظيمية يتم دعمها من قبل تكنولوجيا المعلومات (IT) وكذلك من قبل التجارة الإلكترونية وسيتم توضيح هذا المكونات لهذا النموذج الشكل رقم (5) يوضح ضغوط الأعمال الرئيسية ودور التجارة الإلكترونية:

شكل رقم(5)

ضغوط الأعمال الرئيسية ودور التجارة الإلكترونية

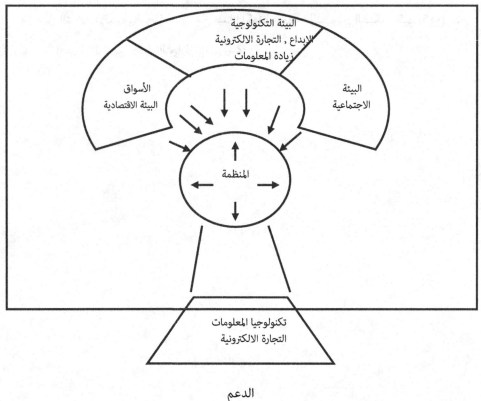

الدعم

المصدر : (Thrban , 2004 , p . 21)

ضغوط الأعمال   BUSINESS PRESSURES :

يمكن تقسيم ضغوط الأعمال في البيئة الرقمية إلى ثلاث تطبيقات كالآتي : (الأسواق) البيئة الاقتصادية ، البيئة الاجتماعية ، البيئة التكنولوجية ، والجدول رقم (2) يوضح تلك الضغوطات :

والجدول رقم (2)

يوضح ضغوط الأعمال

ضغوط السوق الاقتصادية	الضغوط الاجتماعية	الضغوط التكنولوجية
المنافسة القوية الاقتصاد العالمي اتفاقيات التجارة الإقليمية أجور العمالة المنخفضة في بعض الدول التغير في الأسواق زيادة قوة المستهلكين	تغير طبيعة قوة العمل استغناء الحكومة عن بعض قطاعات الأعمال وزيادة المنافسة انكماش دور الحكومة زيادة أهمية الجوانب القانونية والاجتماعية زيادة المسؤولية الاجتماعية للمنظمات. التغير السياسي السريع	زيادة الإبداع والتقنيات الجديدة زيادة التغير في التقنيات زيادة المعلومات انخفاض في تكاليف التكنولوجيا وزيادة أدائها .

المصدر (Turban , 2004 ,p.22)

الاستجابة التنظيمية Organizational Responses :

إن الاستجابة التقليدية لضغوطات الأعمال قد لا تكون ذات فائدة وخصوصاً في بيئة تمتاز بالمشاكل والتغير السريع والتنافسية العالية والعديد من تلك الحلول يجب تعديلها وتعزيزها أو الاستغناء عنها، وهناك العديد في الحلول التي يمكن للمنظمة تبنيها والتي يمكن إن تساهم في زيادة الاستجابة لضغوطات الأعمال ومن هذه الحلول: (1)

- الأنظمة الإستراتيجية strategic systems وتساعد الأنظمة الإستراتيجية المنظمات في تحقيق ميزة إستراتيجية من خلال تمكينها لزيادة الحصة السوقية ، وزيادة قوة التفاوض مع الموردين أو منع المنافسين من الدخول إلى أسواق المنظمة(2)

ومن هذه النظم الإستراتيجية تقنيات الويب ونظام (FedExs) لمتابعة الزبائن وغير ذلك كثير لا يتسع المجال لذكرها .

---

(1) Turban , E ,et al ,(2004) Electronic commerce , New Jersey , person education ,prentice hall ,p.173

(2) Callon, j.d . op cit. p.63

جهود التحسينات المستمرة وإعادة هندرة الأعمال :

Continuous improvement effort and business process reengineering

العديد من الشركات تقوم بـبرامج تحسـينات مسـتمرة لتعزيـز وتحسـين الإنتاجيـة والنوعيـة وخدمـة المسـتهلك وقـد تسـتخدم المنظمـة مـا يسـمى بتخطـيط هيكليـة المصـادر enterprise resource planning أو (ERP) والذي يتيح للمنظمة التعامل مـع المعلومـات كوحـدة واحـدة يستخدم هذا النظام عادة للتعامل مع طلبات الزبائن وطرق الإيفاء بتلك الطلبات[1].

وعلى أية حال قد تكون التحسينات المستمرة حلول كافية لـبعض المشـاكل فبعض الضـغوط القوية تحتاج إلى تغيير هيكلي راديكالي ، وهو ما يطلق عليه بإعادة هندسة[2] العمليات أو الهنـدره (Business process reengincering) أو (BPR) والتجارة الإلكترونيـة مرتبطـة بشـكل كبـير مـع إعادة هندسـة العمليـات لأن إعـادة هندسـة العمليـات لازمـة لتطبيـق الأمـور الابتدائيـة للتجـارة الإلكترونية مثل نظام التوريد الإلكتروني (electronic procurement).

---

(1) Cunningham , M .S. op cit. p.51

(2) Farhoomand , A., and p. lovelock . 2001 global E-commerce. Singapore :prentice hall, p.37

إدارة علاقات العملاء Customer relations hid management:

أحد أهم الإشارات على الثورة الرقمية هو زيادة القوة التفاوضية للمستهلكين وهذه القوة في تزايد مستمر وذلك بسبب زيادة توفر المعلومات وزيادة عمليات المقارنة بين البدائل الناتجة عن زيادة البدائل المتوفرة ، ومن خلال هذا المفهوم فان الزبون هو الملك وعلى المنظمات إن تسعى لإرضاء زبائنها والمحافظة عليهم. [1]

إن التجارة الإلكترونية لا تعبر فقط عن عمليات البيع والشراء بل إن عمليات إدارة علاقات الزبائن هي الوظيفة الرئيسية للتجارة الإلكترونية ويمكن دعم هذه الوظيفة من قبل التجارة الإلكترونية عن طريق العديد من التقنيات والتي تمتد من حوسبة مركز الاتصال (Call Center) إلى العديد من الأنظمة الذكية أو الوكيل الذكي (Intelligent Agent)[2] والتي تستخدم لتوفير معلومات للمستهلكين عبر الشبكة.

---

[1] Greaterchina (CRM) . Definitions of CRM perspective of CRM guru. Com 's contribute oributors. greater china CRM. Org/eny/content-details .jsp? coutentid=413and subjected =9

[2] Green berg , p . op cit. p.54

اتحاد الأعمال Business alliance

العديد من المنظمات تدرك إن الاتحاد مع المنظمات الأخرى حتى المنافسة يمكن إن يكون ذو فائدة عظيمة وهناك العديد من نماذج اتحاد الأعمال مثل المشاركة في المصادر (- Resource) sharing العلاقات مع الموردين وجهود الأبحاث المشتركة واهم وأشهر نوع من أنواع الاتحاد في الأعمال هو المشاريع المشتركة (joint venture) وهي إستراتيجية تقوم على الاتحاد بين شركتين لإنجاز مهمة أو مشروع معين[1].

وهناك مثال على عمليات اتحاد الأعمال هو المؤسسات الافتراضية virtual corporation والذي سيكون شائعاً في المستقبل للمنظمات ، وفي هذا النوع تقوم المنظمات بإيكال القيام بالعديد من النشاطات الخاصة بها إلى شركاء آخرين وهناك نوع آخر من الاتحاد يسمى الثابت (permanent) وهو نموذج ياباني يعرف ب (keiretsu) و يقوم بربط المصانع والموردين والمؤسسات المالية على قاعدة مستمرة من الترابط ، وهذه الأنواع في الاتحاد يتم دعمها من قبل تقنيات التجارة الإلكترونية وتمتد من النقل الإلكتروني وحتى التقنيات التعاونية (collaborative) technologies[2]

---

[1] Kaplan ,p.d op cit. p.79

Turban , E ,et al ,(2004) Electronic commerce , New Jersey , person
[2] education ,prentice hall ,p.173

الأسواق الإلكترونية Electronic Market :

الأسواق الإلكترونية سواء العامة أو الخاصة تعمل على زيادة كفاءة العمليات التجارية إلى الحد الأمثل وتسمح للأطراف المشاركة بها بالمنافسة عالمياً ، وتنظيم الأسواق الإلكترونية يتطلب تعاون الشركات الأخرى ، وفي بعض الأحيان تتطلب تعاون المنافسين[1].

تقليل دورة الوقت للوصول إلى السوق : Reduction in cycle time and time to market

يمكن تعريف (cycle time reduction) بأنه تقليل أو تقصير المدة الزمنية للأعمال لإكمال النشاطات الإنتاجية في بدايتها وحتى نهايتها ويعد هذا النشاط مهماً للغاية لزيادة الإنتاجية والتنافسية. وبعبارة أخرى تقليل الوقت في وضع الفكرة ومن ثم تطبيقها وكذلك هناك الوقت لوصول الأسواق (time to market) ويعد مهماً أيضا لأن الوصول أولا للأسواق بمنتجات أو الوصول إلى الأسواق بخدمات العملاء بشكل أسرع من المنافسين يمكن يحقق للمنظمة ميزة تنافسية عالية.

التحسينات في سلاسل التوريد Supply chain improvement

تساعد التجارة الإلكترونية في التقليل من عمليات التأجيل والتأخير في الطلبيات ، تخفيض المخزون وإزالة العوائق بين أطراف السلسلة.

---

(1) Penelope ,O.(2002)"An Enhanced Response to customer demand " financial times , June 19 ,11

إنتاج المنتجات والخدمات حسب رغبة الزبون :

Mass Customization :Make -to-order in large quantities in an efficient

: Muner

يتم إنتاج المنتجات اليوم حسب رغبة العميل والمشكلة بالنسبة للمنظمات هو كيفية عمل ذلك الإنتاج بكميات كبيرة (Mass production) إلى الإنتاج حسب رغبة العمل وبالمواصفات المطلوبة إلى أقصى درجة ممكنة (Mass customization) وفي النوع الأول فإن المنظمة تقوم بإنتاج كميات كبيرة أما في النوع الثاني فإن المنتجات تكون بكميات كبيرة ولكن حسب الرغبة لملائمة رغبات العميل وتعد التجارة الإلكترونية مسهل مثالي لتلك العملية من خلال تعزيز عمليات الاتصال بين المشتري ومصممي المنتج ومن خلال عمليات الاتصال تلك يمكن للمستهلك إن يضع التصميم الذي يرغب به بشكل سريع كذلك من خلال الطلبات الإلكترونية (electronic orders) يمكن الوصول إلى رغبات المستهلكين بسرعة وكفاءة عالية بالرغم من سرعة هذه العملية إلى أنها ليست سهلة، إلا أن التجارة الإلكترونية يمكن أن تساعد بشكل كبير.

نظم الأعمال الداخلية : التحول من أتمتة المبيعات إلى الرقابة على المخزون:

Intrabusiuess : from sales force automation to inventory control

أحد أهم المجالات التي يمكن للتجارة الإلكترونية إحداث تطورات هائلة في دعم المنظمة للاستجابة للضغوطات هو التطبيقات داخل الأعمال فالدعم يمكن إن يوجه إلى الموظفين ، المخازن، التصميم ، الأبحاث وأعمال المكاتب ، وبالتالي يؤدي ذلك إلى زيادة وتحسين الإنتاجية. [1]

إدارة المعرفة **Knowledge management** :

يعود مفهوم إدارة المعرفة إلى خلق والحصول على المعرفة وتخزينها حمايتها وتحديثها وصيانتها بشكل مستمر واستخدامها حيث يكون ذلك ضرورياً ، وترتبط برامج إدارة المعرفة بالتجارة الإلكترونية فمثلاً يتم نشر وتوزيع المعرفة من خلال بوابات مشتركة (corporate) portals من أجل تعليم الموظفين كذلك فان تطبيقات التجارة الإلكترونية تحتاج للمعرفة ونشاطات التجارة الإلكترونية مثل بحوث السوق التي تساعد في توليد المعرفة.

وخلال العقود القليلة الأخيرة، أصبحت إدارة المعرفة من الموضوعات الأساسية والمركزية في الإدارة على مستوى أغلب دول العالم. وقد ساعد في ذلك ما أفرزته العولمة من فرص وما نجم عن التطور الكبير في مجال

([1]) Timer , P. Electronic Commerce. New York: Wiley 1999.

الاتصالات والشبكات وخصوصا الإنترنت. إن نظام الاتصالات الحديث بما يحويه من تكنولوجيات متقدمة أدى إلى الانتشار الواسع والفهم الكبير لحاجات الزبائن، وصارت منظمات الأعمال تركز بصورة كبيرة على بناء هيكلية تنافسية لأصول رأس المال الفكري Intellectual Capital ، إذ أن رأس المال الفكري يعدّ سلاحا تنافسيا فاعلا في ظل اقتصاد المعرفة Knowledge Economy [1].

إن منظمات الأعمال تعمل بصورة دائمة على تحقيق النجاح والمحافظة على نجاحها وبقائها، وهذا يجعلها تسعى باستمرار إلى تطوير وتحسين وتعديل استراتيجياتها، وإلى تطوير منتجاتها، واستخدام أدوات ووسائل متجددة. وتسعى إدارة المنظمة الحديثة إلى الاستفادة من المعارف والعلوم التي يستحدثها ويطورها العلماء ودوائر المعرفة باستمرار. وهذه الجهود تؤدي إلى إتاحة الفرص الجديدة، وإلى تحقيق التقدم والتطور المستمر. والمغزى الأساسي من إدارة المعرفة هو تخطيط جهود المعرفة وتنظيمها وتوجيهها بصورة عملية وبصورة فاعلة من أجل تحقيق الأهداف الإستراتيجية والأهداف التشغيلية.

إن تطبيق منهج إدارة المعرفة في المنظمة الحديثة يوفر لها إمكانات جديدة وقدرات تنافسية متميزة، إذ أن هذا المنهج يوفر لها قدرات واسعة من تكنولوجيا المعلومات Information Technology IT وإدارة المعلومات

(1) Mc dermott, R., "Why information technology inspired but cannot deliver knowledge management" *California Management Review*, Vol. 41, 1999, pp.103-117

Information Management IM ، ويتيح لها نظاما دقيقا للإدارة ولممارسة العمليات

الوظيفية المختلفة، كما أنها تؤلف متمما ومكملا لفلسفة الإدارة ومعتقداتها وثقافتها ومداخلها

واتجاهاتها في ممارسة الأعمال وإدارتها. وهذا بدوره قد يؤثر بطريقه أو أخرى على فاعليه المديرين

الذين يقومون باتخاذ القرارات في المنظمات , وذلك لان المعرفة تلامس سلوك وقدراتهم

وإمكانياتهم واتجاهاتهم وممارستهم ألا داريه بشكل عام وقد ترفع من كفاءة وفاعليه المد يرين

وبالتالي رفع كفاءة وفاعليه المنظمة.

المبحث الثالث

تطور التجارة الإلكترونية

أدى التطور المستمر في تقنية المعلومات والاتصالات (ICT) إلى ظهور شبكة الإنترنت، في مطلع التسعينيات من القرن الماضي، وانتشارها بشكل سريع في جميع دول العالم حيث أصبحت وسيلة هامة لإنجاز المعاملات بأساليب إلكترونية. ومع الازدياد المتنامي لعدد مستخدمي الإنترنت على مستوى العالم تنوعت استخدامات شبكة الإنترنت والاستفادة منها في مختلف مناحي الحياة، ومن بينها مجال التجارة الإلكترونية في مختلف القطاعات الاقتصادية السلعية منها والخدمية مـن بيع أو شراء وتسويق وترويج و إعلان وغيره.

ويشير الاتحاد الدولي للاتصالات (ITU) إلى أن أعداد المستخدمين للإنترنت في تزايد مستمر، حيث كانت 4.5 مليون مستخدم في 1991م ثم تضاعفت حتى بلغت 60 مليـون في عـام 1996م ، وتوقع أن يصل عـدد مسـتخدمي الإنترنت في عـام 2006م إلى 600 مليون مسـتخدم[1]، وتشـير الإحصائيات التي أوردتها (Emarketr) أن عدد المستخدمين للإنترنت بلغ 445.9 مليون مستخدم ، وتوقعت أن يصل إلى 709.1 مليــون في عام

([1]) ITU, "Challenges to Network" ,1997a, via World Trade Organization "Special Studies2: Electronic Commerce and the Role of the WOT", 1998, p.13

2004م، وأشـار (Computer Industry Almanac) إلى أن أعـداد المسـتخدمين بلـغ 533 مليـون وتوقع أن يتجاوز المليار مستخدم بحلول عام 2006م [1].

جدول رقم(3)

نمو حجم التجارة الإلكترونية عبر الإنترنت في العالم حسب مصادر مختلفة(مليار دولار أمريكي) [2].

2006	2005	2004	2003	2002	2001	2000	المصدر
12837.30	9240.60	6201.10	3878.80	2293.50	-	-	Forrester
-	-	-	-	-	615.30	354.90	IDC
-	-	2367.47	1408.57	823.48	474.32	278.19	E-marketer B2B only

Source: UNCTAD, E-commerce and Development Report 2002

(internet version prepared by the UNCTAD secretariat), United Nation,

New York and Geneva, 2001, p19.

(¹) متاح في: http:/ www.cyberatals.internet.com

(²) UNCTAD, E-commerce and Development Report 2002 (internet version prepared by the UNCTAD secretariat), United Nation, New York and Geneva, 2001, p19

وقد صاحب هذا التطور في أعداد المستخدمين للإنترنت نمـوًّ في حجـم التجـارة الإلكترونيـة في قطاعات مختلفة، حيث قدرت بعض المصادر أن التسوق عبر شـبكة الإنترنـت في عـام 1999م يمثـل نحو 13% من إجمالي حجم تسـوق المسـتهلكين، كـما توقعـت أن تتضـاعف إلى 26% بحلـول عـام 2007م[1]. ويشير جـدول (3) إلى النمـو الكمـي لتطـور التجـارة الإلكترونيـة بـين قطاعـات الأعـمال (B2B) وكـذلك بـين الأعـمال والمسـتهلكين (B2C) منـذ عـام 2000م بحسـب المنـاطق الجغرافيـة المختلفة، ويوضح أن إجمالي حجم التجارة الإلكترونية يتضـاعف تقريبـاً كـل عـام، وقـدر بنحـو 6.8 تريليون دولار بحلول عام 2004م وبما يعادل 8.6 % من إجمالي حجم التجـارة في العـام نفسـه. أن حجم التجـارة سـيبلغ نحـو 9.3 تريليـون في عـام 2005م وإلى نحـو 12.9 تريليـون في عـام 2006م. وكذلك أوردت (Active Media) نمو التجارة عبر الإنترنت في سلسلة زمنية ممتـدة مـن 1994م إلى 2002م، حيث تظهر نمو أسياً لحجم التجارة الإلكترونية منذ مطلـع التسـعينات حتـى عـام 2002م. ومـن ناحيـة أخـرى، نلاحـظ في جـدول (3) أن هنـاك اختلافـا واضـحاً في أنصبة الـدول والمنـاطق الجغرافية من التجارة عبر الإنترنت، حيث تستحوذ دول أمريكا الشـمالية عـلى نحـو 50.9% ، يمثـل نصيب الولايات المتحدة الأمريكية وحدها نحو 47%، بينما تبلغ أنصبة دول آسيا والباسيفيك وأوربا الغربية وأمريكا اللاتينية على 24.3% و 22.6% و 1.2% على التوالي. ويشير الجدول أيضا

---

(1) Financial Times, September 3, 1997; The Economist, May 10, 1997

إلى أن هيمنة التجارة الإلكترونية المتوقعة في عام 2004م قدرت بنحو 13% في الولايات المتحدة الأمريكية وبنسبة 16.4% في كل من استراليا وكوريا، وربما يعزى ذلك إلى النمو السريع في استخدام الإنترنت وتفضيل المشتركين والقطاعات التجارية إجراء العمليات التجارية عبر شبكة الإنترنت في تلك الدولتين.

وبالنسبة للمقارنة بين حجم التجارة الإلكترونية عبر شبكة الإنترنت وحجم التجارة عبر الوسائل الأخرى، نلاحظ أنه في حين أن التجارة عبر الإنترنت تتنامى بشكل أسرع وخلال فترة قياسية، نجد أن حجم التجارة عبر القنوات الأخرى في انخفاض ملحوظ، فمن شكل 5 نلاحظ أن حجم التجارة عبر شبكة الإنترنت كان في عام 1997م لا يتجاوز 15%، إلا انه في عام 2000م تضاعف حتى بلغ نحو 42% من إجمالي التجارة. ومن جهة أخرى، انخفضت حجم التجارة التي تعقد عبر وسائل أخرى، مثل الهاتف والفاكس والبريد أو المعاملات التجارية المباشرة، من 75% في عام 1997م إلى نحو 58% في عام 2000م مما يدل على تنامي الاهتمام بشبكة الإنترنت كوسيلة لعقد العمليات التجارية محل الوسائل أو القنوات التقليدية السابقة. ويؤكد هذا النمو المستمر في التجارة الإلكترونية عبر شبكة الإنترنت بعض المصادر ومراكز الأبحاث المختلفة، حيث قدرت حجم التجارة الإلكترونية بأكثر من700 مليار دولار في عام 2001م في حين أنها لم تتجاوز حاجز 3 مليار دولار في عام 1996م.

جدول رقم(4)

حجم التجارة الإلكترونية في العالم خلال الفترة 1994- 2002 م. (مليار دولار أمريكي).

السنة	1994	1995	1996	1997	1998	1999	000	2001	2002
العوائد	0.008	0.436	2.9	21.8	73.9	180	377	717	1234

Source: OECD, Measuring Electronic Commerce: Main points, available from: (http://www.oecd…/0,3371,EN-document-29-nodirectorate-no-1-10230-

ومن ناحية التوزيع الجغرافي لحجم التجارة الإلكترونية، نلاحظ أن الولايات المتحدة الأمريكية تستحوذ على النصيب الأوفر منها عن بقية الدول الأخرى، حيث تشير بعض مراكز الأبحاث أن نحو 85 % من إجمالي حجم التجارة عبر شبكة الإنترنت خلال عام 1997/96م كان من نصيب الولايات المتحدة الأمريكية[1].

(1) **Activmedia, available at (http://www.activmedia.com).**

المنافسة ، العوامل السياسية، العولمة) وهناك حاجة كبيرة للمعلومات والمعرفة من اجل عملية صنع واتخاذ القرار. [(1)]

نموذج البيئة/ الاستجابة والدعم the Environment - Response- suppont model من اجل النجاح والبقاء في ظل هذا التغيير والضغوط البيئية لا يكفي المنظمة إن تقوم بإجراءات أو رد فعل تقليدي مثل تقليل الكلفة أو إغلاق والتخلص من الأعمال عديمة الفائدة بل على المنظمة إن تقوم بعمل منتج مثل خلق منتجات كما يرغب المستهلك (Critical Response Activities) وهذه الأنشطة الحرجة يمكن إن تحدث من عمليات المنظمات جميعها أو بعضها ، وتبدأ من العمليات اليومية إلى النشاطات الإستراتيجية، والاستجابة يمكن إن تحدث في سلاسل التوريد Supply chain ونشاطات الاستجابة يمكن إن تكون رد فعل لضغط معين على الأنظمة ويمكن إن تكون الاستجابة وسيلة دفاعية للمنظمة للتعامل مع الضغوطات المستقبلية ، ويمكن إن تكون نشاطاً لاستكشاف فرصة يمكن إن تحصل عليها المنظمة في تلك البيئة المتغيرة [(2)].

العديد من نشاطات الاستجابة يمكن إن توفرها التجارة الإلكترونية وفي بعض الحالات تكون التجارة الإلكترونية هي الحل الوحيد لهذه

([1]) Salouer , G.(2001) Creating and Capturing value : Perspective and Cases on E-commerce . New York : Wiley p.59

Turban , E ,et al ,(2004) Electronic commerce , New Jersey , person

([2]) education ,prentice hall ,p.21

تنشرها بعض مراكز البحوث والقطاعات الخاصة تظهر متباينة، وإلى حـد كبير أحيانـا[1].

وبالرغم من القصور في أساليب قياس التجارة الإلكترونية، إلا أن الدول وكذلك القطاعـات الخاصـة تعمل على إنشاء برامج قياس لإيجاد مؤشرات تعكس طبيعة وتطور أنشطة التجارة الإلكترونية، وذلك بهدف قياس أثرها على القطاعات الاقتصادية، وقياس نموها، ومقارنتها بـين مختلـف الـدول. ومن الأساليب المتبعة في قياس حجم التجارة الإلكترونية:

أ. جمع البيانات الرقمية عن استخدام تقنية المعلومـات والاتصالات واسـتخدام الإنترنـت، ويتميز هذا الأسلوب بسهولة تحصيله من مصادر مختلفة، وبالتالي توفر عنصر الثقة والدقـة في مثل هذه الأرقام، ومن ثم تستخدم هذه الأرقام في معرفة أو تقدير حجم الأنشطة التجارية عـبر الإنترنت.

ب. جمع بعض الإحصاءات ذات العلاقة بأنشطة التجارة الإلكترونية، مثل معرفة مـؤشرات الاسـتعداد الإلكتـــروني (Electronic Readiness) في المجتمعات، وذلك بحصر المؤسسـات والقطاعات التجارية التي لديها أجهزة حاسب آلي وتوفر إمكانيـة استخدامها للإنترنت. وكـذلك معرفة مؤشرات الكثافة، أي تلك المؤسسات التجارية التي تستقبل طلبـات العمـلاء والمـدفوعات عبر شبكة الإنترنت. وهذا الأسلوب يتناسب مع كثير

---

[1] United Nation, E-commerce and Development Report 2001,: Trends and Executive Summary, Internet version prepared by UNCTAD secretariat, United Nation, New York

من البلدان النامية التي لا تزال في المراحل الأولى في استخدام الإنترنت[1].

ج. إجراء المسح الميداني على مستوى المؤسسات التجارية، سواء في قطاع الجملة أو قطاع التجزئة، وذلك لمعرفة حجم أنشطتها عبر شبكة الإنترنت [2] ويجري هذا المسح سنويا أو ربع سنويا حتى يغطي الأنشطة التجارية المتجددة عبر الإنترنت.

د. إجراء المسح الميداني على مستوى الأفراد والأسر (قطاع المستهلكين) لمعرفة توفر أجهزة الحاسب الآلي، وكذلك معرفة إمكانية الدخول إلى الإنترنت وحجم إنفاقهم على التجارة الإلكترونية.

متطلبات التجارة الإلكترونية:

لكي تصبح التجارة عبر شبكة الإنترنت متاحة في أي مجتمع فإنه لابد من توفر البيئة المناسبة لها وكذلك المتطلبات اللازمة لتحقيقها. وفي هذا القسم سوف نتناول، بإيجاز، هذه المتطلبات وفق التقسيمات التالية:

أ. البنية التحتية الإلكترونية، وتشمل البنى التحتية الداعمة للتجارة الإلكترونية وعقد التعاملات التجارية عبر شبكة الإنترنت. ومن أبرز مكونات هذه البنية قطاع تقنية المعلومات والاتصالات (ICT) وتشمل شبكات الاتصال السلكي واللاسلكي وأجهزة الاتصالات من فاكس وهواتف ثابتة

([1]) Barbara M. et al, op cit.p.58

([2]) Barbara et al, Government Statistics: E-commerce and Electronic Economy, op cit

ومتنقلة، وكذلك الحواسب الآلية وبرامج التطبيقات والتشغيل، وخدمات الدعم الفنية، ورأس المال البشري المستخدم في الأعمال والتجارة الإلكترونية، إضافة إلى توفر القطاعات المنتجة لتقنية المعلومات. فهذه المكونات توفر البيئة التحتية الإلكترونية التي تساعد على انتشار استخدام الإنترنت وتهيئ البيئة المناسبة للتجارة الإلكترونية. ويعتبر انتشار الإنترنت عاملا رئيسا في الدخول للتجارة الإلكترونية، لأنها بمثابة القناة الإلكترونية أو السوق الإلكتروني الذي تتم من خلاله المعاملات والتبادلات التجارية. كما أن انتشار الإنترنت يعتمد على توفر عناصر أساسية منها توفر أجهزة الحاسب الآلي الشخصية والهواتف والحاسبات المضيفة، وإمكانية الدخول إلى الإنترنت من خلال معرفة عدد المستخدمين والمشتركين والمستخدمين المحتملين للإنترنت[1].

ب. التشريعات والأنظمة للتجارة الإلكترونية: وتشمل التشريعات والقوانين والقواعد التي تتلاءم مع طبيعة التجارة عبر شبكة الإنترنت. وتمثل هذه التشريعات الإطار القانوني والتنظيمي الذي يضمن استمرار التجارة الإلكترونية وحماية حقوق الأطراف المتعاملة فيها. كما يتكفل هذا الإطار القانوني بإيجاد الأدوات القانونية التي تتناسب والتعاملات الإلكترونية مثل وسائل التعاقد عبر شبكة الإنترنت أو عبر البريد الإلكتروني، والشروط اللازمة لذلك، وفض النزاعات التجارية

(1) Michael Minges, Counting the Net: Internet Access Indicators, International Telecommunication Union, Switzerland. Also available at (http://www.isoc.org./isoc/conference/inet/00/cdproceedings/8e/8e_1htm)

الإلكترونيـة سـواء كانـت في داخـل المجتمـع أم كانـت بـين أطـراف في دول مختلفـة، وكـذلك التعامل مع وسائل الإثبات للأطراف المتنازعة تجاريا عبر شبكة الإنترنـت. وتشـمل أيضـا هـذه التشريعات القضايا المتعلقة بحقوق الملكيـة الفكريـة، والجـرائم الإلكترونيـة وتحديـد مفهـوم الضرر والإتلاف الناجم عن تلك الجرائم، والتعامل مع التوقيعات الإلكترونيـة ومـا هـي صـيغة الإيجاب والقبول الكترونيا.

ج. توفر الكوادر البشرية: ويمثل هذا الجانب أحد مقومات نجاح التجـارة الإلكترونيـة في أي مجتمع، وتشمل هذه الكوادر البشـرية المتخصصـين في قطـاع تقنيـة المعلومـات وشـبكات الاتصال والإنترنت والبرامج التطبيقية ذات العلاقة بالتجارة عـبر الإنترنـت. ومـن ناحيـة أخـرى تتطلب التجارة الإلكترونية ما يسمى بالاستعداد الإلكتروني (E-Readiness) أي المجتمع القادر والذي لدية الرغبة في استخدام وممارسة التجارة عبر شبكة الإنترنت. ويرتفع معدل الاسـتعداد الإلكتروني لأي مجتمع من خلال تطوير نوعية الأنظمة التعليمية وتوسيع دائرة الفـرص لأفـراد المجتمع للاستفادة منها حتى يصبح مجتمعا ذا معرفة وثقافة تكنولوجيـة، بالإضـافة إلى تـوفير الفـرص للمؤسسـات والمعاهـد التعليميـة والمـدارس لأسـتخدم تقنيـة المعلومـات والاتصـالات، وتكييف المناهج التعليمية مع المعارف التقنية.[1]

([1]) McConnell International, Ready? Net. Go!: Partnerships Leading the Global Economy, McConnell International in collaboration with WITSA, May 2001. p.18

فوائد التجارة الالكترونية:

- فوائد التجارة الالكترونية للمنظمات

يمكن تصنيف الفوائد التي تجنيها الأعمال من التجارة الإلكترونية على النحو التالي:

1- الوصول العالمي (Global Reach)

تساعد التجارة الإلكترونية على امتداد وتوسع الأسواق لتشمل الأسواق الوطنية والأسواق الدولية بتكلفة رأسمال قليلة، وتستطيع الشركة أيضا تحديد أفضل الموردين بشكل أسهل وأسرع وكذلك المستهلكين والعديد من شركاء الأعمال المحتملين فالتوسع في قاعدة المستهلكين والموردين يساعد الشركاء على الشراء بأسعار اقل والبيع بكميات اكبر[1]

2- تقليل الكلفة (Cost Reduction)

تساعد التجارة الإلكترونية في تقليل الكلف عن طريق القيام بعمليات خلق ومعالجة، وتوزيع، وتخزين واسترجاع المعلومات دون

---

(1) Turban , E ,et al ,(, 2000) Electronic commerce , New jersey , person education ,prentice hall

الحاجة إلى الكميات الهائلة من الوثائق الورقية، أي أنها تقلل بشكل كبير من تكاليف الطباعة والبريد وتصل إلى حد الاستغناء عنه كليا.[1]

3- التحسينات على سلاسل التوريد (Supply Chain Improvement)

تساعد التجارة الإلكترونية على التقليل من كلف التخزين وتزيد من كفاءته كما أنها تقلل من عمليات التأجيل في التزويد كما أنها تساعد على توفير المعلومات الدقيقة عن الطلب وأوقات التزويد ومن المتوقع إن تساهم التجارة الإلكترونية في توفير مليارات الدولارات سنويا في كلف التخزين[2]

4- العمل على مدار الساعة Extended Hours :24/7/365

إن التعامل في التجارة الإلكترونية على مدار الساعة مما يؤدي إلى الإقلال من تكاليف العمل الإضافي.[3]

---

(1) Farhoomand , A., and p. lovelock . (2001)Global E-commerce. Singapore :prentice hall

(2) Huber, G.(2003) The Business Environment in the Digital economy network : MCGrew- hill

(3) Burnett , R."Legal Aspects of E – commerce " . computing and control engineering Journal 2001

5- الإنتاج على مقاس العميل customization

يساعد هذا النوع من الإنتاج وكذلك الإنتاج حسب الطلب (build -to -order) على تخفيض الكلفة وتحقيق الميزة التنافسية للشركة.

6- نماذج أعمال جديدة New Business Models

تسمح التجارة الإلكترونية بابتكار نماذج أعمال جديدة والتي تساعد على خلق الميزة الإستراتيجية للشركة وتحقيق العوائد وزيادتها.[1]

7- التخصص Vendors Specialization

تساعد النجارة الإلكترونية على توفي درجة عالية من التخصص في العمل ويعد التخصص في العمل غير مجدي من الناحية الاقتصادية في البيئة المادية ، فعلى سبيل المثال فان محل بيع العاب الذي يعمل ضمن مسار أو في بيئة التجارة الإلكترونية يستطيع المنافسة حول العالم

(1) Callon, J.D .(1996) Competitive Advantage Through Information Technolagy . newyork Mc Graw- hill

أي يعد السوق العالمي مجالا للتسويق أما في السوق المادي فانه يعمل ضمن سوق معين وقد لا يكون هناك عدد كافي من المستهلكين. [1]

8- السرعة في الوصول إلى الأسواق   Rapid Time –to-Market

تساعد التجارة الالكترونية في تسريع الوقت اللازم للوصول إلى الأسواق وذلك نتيجة لتطور عملية الاتصال لإيصال المعلومات إلى الأسواق [2].

9- تكلفة اتصالات اقل   Lower Communication Cost

نتيجة لقلة تكاليف الانترنت فقد قلل ذلك من تكاليف الاتصالات [3].

10-   نظام لوازم كفؤ   Efficient Procurement

تساعد التجارة الإلكترونية في إيجاد نظام لوازم فعال يقلل من التكاليف الإدارية بنسبة 80% أو أكثر ويقلل سعر الشراء 5-15% ويقلل الوقت بنسبة 50% أو أكثر. [1]

---

[1] Turban , E ,et al op cit. p.38

[2] Elinton, W.J, and A.Gore ,JR .(1997)" A framework for Global Electronic Commerce"
   dcc.syr.cdu/ford/course/e-commerce framework . pdf

[3] Turban , E ,et al op cit. p.47

-11 تحسين علاقات الزبائن Improved Customer Relation

تساعد التجارة الإلكترونية في زيادة التفاعل بين الزبائن بحيث تكون الشركة قريبة أكثر منهم حتى في ظل وجود الوسطاء كما تسمح بالوصول إلى كل زبون والاتصال به مما يؤدي إلى أيجاد أداة فعالة لعلاقات الزبائن وزيادة الولاء للشركة[2].

-12 تحديث مواد المنظمة Up-to-Date Company

أي مواد على الموقع الإلكتروني مثل الأسعار الموجودة علي الكتالوج الإلكتروني يمكن تعديلها وتحديثها في غضن دقائق معدودة على الموقع الإلكتروني ومن ثم إيصالها لكافة الزائرين للموقع بسرعة.[3]

-13 **المؤسسات الإلكترونية:** لا تحتاج إلى رخصة للعمل في أي منظمة في العالم كما لا توجد هناك أي رسوم.[4]

([1]) ياسين، سعد، والعلاق، بشير(2004)، "التجارة الإلكترونية"، عمان، دار المناهج للنشر والتوزيع، ص29

([2]) Green Berg , P.(2002) CRM at the Speed of Light : Capturing and Keeping Customers in Internet Real Time , 2nd ed New York : Mc Graw- hill. Green Berg , P.(2002) CRM at the Speed of Light : Capturing and Keeping Customers in Internet Real Time , 2nd ed New York : Mc Graw- hill

([3]) Timmer , P(1999).Electronic Commerce . New York :Wiley

([4]) Turban , E ,et al op cit. p.39

-14   فوائد أخرى

من الفوائد الأخرى للتجارة الإلكترونية تحسين الصورة الذهنية ، تحسين خدمة العملاء ، شركاء أعمال جدد عمليات مبسطة ، زيادة إنتاجية ، تقليل القمل الورقي ، زيادة القدرة على الوصول إلى المعلومات ، تقليل تكاليف النقل ، زيادة المرونة في العمليات والتجارة[1].

فوائد التجارة الالكترونية للمستهلك :

من الفوائد التي تقدمها التجارة الالكترونية للمستهلك هي كما يلي :

1- الكلية ubiquity [2]

تسمح التجارة الإلكترونية للمستهلك بالتسوق والقيام بعمليات على مدار السنة وبشكل متواصل وفي أي موقع في العالم.

2- منتجات وخدمات أكثر More Product and Service

تزود التجارة الإلكترونية المستهلك بخيارات أكثر عن السلع والخدمات بحيث يستطيع المستهلك المفاضلة بين العديد من البائعين

([1]) Green Berg , P E ,et al op cit. p.87
([2]) Turban , E ,et al op cit. p.87

والمفاضلة بين السلع والخدمات[1]منتجات وخدمات ارخص   Cheaper Product and
Service

بسبب ما تتيحه التجارة الإلكترونية مـن إمكانيـة المفاضلـة بـين أسـعار السـلع
والخدمات بسرعة كبيرة فان ذلك يساعد المستهلك في الحصول عليها بأسعار ارخص [2]

3- التوزيع الفوري   Instant Delivery

كمـا هـو الحـال في حالـه السـلع الرقميـة(Digitized Product) والتـي يمكـن
توزيعها بصورة فائقة على الشبكات. [3]

4- المشاركة في المزايدات   Participation in Auction

تجعل التجارة الإلكترونية من الممكن للمستهلك المشاركة في المزايدات الافتراضية
على السلع والخدمات وهذا يتيح للبائعين بيع السلع بسرعة كبيرة وللمشترين الحصول
على السلع والخدمات من مواقع مختلفة وإمكانية المفاوضة على السعر [4].

---

[1] HUFF, S.L. et al ,(2001) Cases in Electronic Commerce .New York: MC-Graw
[2] Turban , E ,et al op cit. p.148
[3] Sadeh , N,(2002) , Mobile Commerce : New Technologies , Services and Business Model . New York : john willy and sons

[4] ياسين، سعد، والعلاق، بشير(2004)، مرجع سابق ، ص89

5- المجتمعات الإلكترونية **Electronic Communities**

تتيح التجارة الإلكترونية للمستهلكين التفاعل مع المستهلكين الآخرين في مجتمعات إلكترونية تسمح بتبادل الأفكار.[1]

6- الحصول على السلع والخدمات بالطريقة التي يرغب بها المستهلك get it yours وذلك عن طريق إمكانية تفصيل السلعة على مقياس العميل(customization) وكذلك (personalization)[2]

7- لا يوجد ضرائب على المبيعات [3] No Sales Tax

في العديد من دول العالم المنتجات التي تباع إلكترونيا معفاة من ضريبة المبيعات - فوائد التجارة الالكترونية للمجتمع[4]

([1]) Parter ,M.E.(2001) "Strategy and the Internet ." Harvard Business Review, P.245

([2]) Parter ,M.E.(2001) op cit. p.279

([3]) Turban , E ,et al op cit. p.157

([4]) Cunningham , M .S. (2001)B2B: HOW to Build a Profitable E-Commerce Strategy . Cambridge : Parsons pub.p.121

من أهم فوائد التجارة الالكترونية للمجتمع :

1)   العديد من الأعمال يتم أداؤها في المنازل وهذا يقلل الحاجة للسفر واستخدام الآلات (السيارات) مما يقلل التلوث البيئي.

2)   تحقق التجارة الإلكترونية مستويات معيشية أعلى للأفراد لان العديد من البضائع يتم بيعها بأسعار رخيصة مما يسمح لشريحة واسعة من المجتمع للاستفادة من ذلك وزيادة مستوى معيشتهم .

3)   تعطي التجارة الإلكترونية الأمل للفقراء بالحصول على السلع والخدمات والتي لم تكن موجودة في السابق، وخصوصاً في الدول الفقيرة والنامية ،وكذلك هناك فرص متزايدة وهي متزايدة للحصول على التعلم من خلال الإنترنت.

4)   توفر الخدمات العامة Availability of public service

توفر التجارة الإلكترونية خدمات عامة مثل العناية الصحية، التعلم، وتوزيع الخدمات الحكومية الاجتماعية بأسعار أقل ونوعية عالية، فعلى سبيل المثال يستطيع الأطباء في المناطق النائية الحصول على المعلومات والتطبيقات الجديدة والمتطورة للتعامل بشكل أفضل مع مرضاهم .

معوقات استخدام تكنولوجيا المعلومات والتجارة الإلكترونية:

تواجه أغلبية الدول النامية قيودا على تنمية اقتصادها الإلكتروني، وبعض هذه القيود يتمثل في التالية:

1. انخفاض مستوى دخل الفرد

2. انخفاض معدلات معرفة القراءة والكتابة

3. الافتقار إلى نظم دفع يمكن في دورها أن تدعم الصفقات التجارية التي تجري على شبكة الإنترنت

4. المقاومة الثقافية للتجارة الإلكترونية على شبكة الإنترنت

إن نسبة مستخدمي الإنترنت الذين يشترون بواسطة الشبكة مباشرة كانت أعلى في الولايات المتحدة الأمريكية والمملكة المتحدة وشمال أوروبا الغربية خلال الفترة 2000-2001، إذ بلغت نسبت مستخدمي الشبكة بعمليات شراء على الشبكة مباشرة حوالي 38%، أما في المكسيك فقد بلغت النسبة اقل من 0.6%، بينا تراوحت نسبة المبيعات للأسر المعيشية في مجموع مبيعات الإنترنت بين حد أقصى يبلغ 30% في فنلندا ولكسمبورج، وحد أدنى يبلغ حوالي 1% في سنغافورة. مع العلم بان مبيعات التجزئة بواسطة الإنترنت ما زالت تمثل جزءا ضئيلا من الأرقام الكلية لمبيعات التجزئة بلغت حوالي 1.5% في الولايات المتحدة الأمريكية والاتحاد الأوروبي، على الرغم من ازدياد عدد المستهلكين الذين يستخدمون الإنترنت للبحث عن مشتريات

كانوا يجرونها سابقا في المتاجر. أما تقديرات مجموع مبيعات التجزئة على الشبكة مباشرة فقد بلغت حوالي 44 مليار دولار في الولايات المتحدة، وإذا ما أضفنا السفر لذلك فان المجموع سيرتفع إلى 73 مليار دولار في عام 2003، أما في الاتحاد الأوروبي فقد بلغ حوالي 29 مليار دولار، ومنطقة آسيا والمحيط الهادي فقد بلغت حوالي 15 مليار، وفي أمريكا اللاتينية حوالي 2.3 مليار، أما في أفريقيا فقد بلغ حوالي 4 ملايين فقط، وذلك لنفس العام (2003). كما هو مبين في جدول (5).

جدول (5)

مجموع مبيعات التجزئة على شبكة الإنترنت خلال عام 2003.

القيمة (مليار دولار)	المنطقة/الدولة
44	الولايات المتحدة الأمريكية
29	الاتحاد الأوروبي
15	منطقة آسيا والمحيط الهادي
2.3	أمريكا اللاتينية
0.004	أفريقيا

المصدر: يوسف أبو فارة "واقع الإنترنت في الوطن العربي"، متاح على (http://www.yusuf-abufara.net)

المبحث الرابع

المسائل القانونية المتعلقة بالتجارة الالكترونية

تثير أنشطة التجارة الالكترونية والعلاقات القانونية الناشئة في بيئتها العديد من التحديات القانونية للنظم القانونية القائمة ، تتمحور في مجموعها حول اثر استخدام الوسائل الالكترونية في تنفيذ الأنشطة التجارية ، فالعلاقات التجارية التقليدية قامت منذ فجر النشاط التجاري على أساس الإيجاب والقبول بخصوص أي تعاقد وعلى أساس التزام البائع مثلا بتسليم المبيع بشكل مادي وضمن نشاط ايجابي خارجي ملموس ، وان يقوم المشتري بالوفاء بالثمن أما مباشرة(نقدا) أو باستخدام أدوات الوفاء البديل عن الدفع المباشر من خلال الأوراق المالية التجارية أو وسائل الوفاء البنكية التقليدية، وإلى هذا الحد فان قواعد تنظيم النشاط التجاري سواء الداخلية أو الخارجية، وبرغم تطورها، بقيت قادرة على الإحاطة بمتطلبات تنظيم التجارة، إذ بالرغم من تطور نشاط الخدمات التجارية والخدمات الفنية واتصال الأنشطة التجارية بعلاقات العمل والالتزامات المتعلقة بالإمداد والتزويد ونقل المعرفة أو التكنولوجيا ، فان القواعد القانونية الناظمة للأنشطة التجارية والعقود أمكنها أن تظل حاضرة وقادرة على محاكاة الواقع المتطور والمتغير في عالم التجارة ، لكن الأمر يختلف بالنسبة للتجارة الكترونية، فالتغير، ليس بمفهوم النشاط التجاري ، وإنما بأدوات ممارسته وطبيعة العلاقات الناشئة في ظله، كيف لا، ويتوسط كل نشاط من أنشطة التجارة الالكترونية الكمبيوتر والانترنت أو شبكة المعلومات، إن اثر

وجود التقنية وهيمنتها على آلية إنفاذ النشاط التجاري في ميدان التجارة الالكترونية، بل ضرورتها لوجود التجارة الالكترونية ، كان لا بد أن يخلق تحديا جديدا أمام النظم القانونية القائمة [1]

المشكلات القانونية في ضوء مراحل التجارة الالكترونية:

إن تحديد تحديات التجارة الالكترونية القانونية ، يستلزم تصور العملية من بدايتها وحتى نهايتها بشكل عام لا تفصيلي، ومن ثم توجيه مؤشر البحث نحو استخلاص عناوين التحديات، ومن ثم بيان محتوى التحدي وما تقرر من حلول مقارنة لمواجهته .

التجارة الالكترونية في صورتها العامة، طلبات بضاعة أو خدمات يكون فيها الطالب في مكان غير مكان المطلوب منه الخدمة أو البضاعة، وتتم الإجابة بشان توفر الخدمة أو البضاعة على الخط، وقد يكون الوضع- كما في المتاجر الافتراضية- أن تكون البضاعة أو الخدمة معروضة على الخط يتبعها طلب الخدمة أو طلب الشراء من الزبون المتصفح للموقع، وعلى الخط أيضا، وبالتالي يمثل الموقع المعلوماتي على الشبكة، وسيلة العرض المحددة لمحل التعاقد وثمنه أو بدله في حالة الخدمات على الخط (أي عبر شبكات المعلومات). وتثير هذه المرحلة (السابقة على التعاقد فعليا) مشكلات وتحديات عديدة، أولها، توثق المستخدم أو الزبون من حقيقة

---

[1] يونس عرب(2001)، موسوعة القانون وتقنية المعلومات، الكتاب الأول، قانون الكمبيوتر، منشورات اتحاد المصارف العربية ، بيروت، لبنان

وجود الموقع أو البضاعة أو الخدمة . وثانيهما مشروعية ما يقدم في الموقع من حيث ملكية مواده ذات الطبيعة المعنوية (مشكلات الملكية الفكرية) [1]. وثالثها تحديات حماية المستهلك من أنشطة الاحتيال على الخط ومن المواقع الوهمية أو المحتوى غير المشروع للخدمات والمنتجات المعروضة . ورابعها :- الضرائب المقررة على عائدات التجارة الالكترونية عبر الخط، ومعايير حسابها ، ومدى اعتبارها قيدا مانعا وحادا من ازدهار التجارة الالكترونية. وهذه التحديات أيضا ترافق المراحل التالية من خط نشاط التجارة الالكترونية، فالموثوقية وحماية المستهلك تحديان يسيران بتواز مع سائر مراحل أنشطة التجارة الالكترونية [2].

المرحلة التالية تتمثل في إبرام العقد ، بحيث يتلاقى الإيجاب والقبول على الخط أيضا، ويتم ذلك بصور عديدة بحسب محتوى النشاط التجاري ووسائل التعاقد المقررة على الموقع، أشهرها العقود الالكترونية على الويب، والتعاقدات بالمراسلات الالكترونية عبر البريد الالكتروني، وبوجه عام، تتلاقى إرادة المزود أو المنتج أو البائع مع إرادة الزبون، ويبرم الاتفاق

[1] سهاونة، مهند (2003) أسس تطبيق التجارة الإلكترونية في المؤسسات الصغيرة والمتوسطة– الجمعية العلمية الملكية
[2] الزعبي، خالد، (2002)، " السرية في الحكومة الالكترونية، "مجلة الحاسوب، العدد 54، ص ص 41-43

على الخط، وهنا تظهر مشكلتين رئيستين[1] :- أولهما توثق كل طرف من صفة وشخص ووجود الطرف الآخر ، بمعنى التوثق من سلامة صفة المتعاقد . وحيث أن من بين وسائل حل هذا التحدي إيجاد جهات محايدة تتوسط بين المتعاقدين (سلطات الشهادات الوسيطة) لجهة ضمان التوثق من وجود كل منهما وضمان أن المعلومات تتبادل بينهما حقيقية، وتمارس عملها على الخط من خلال إرسال رسائل التأكيد أو شهادات التوثيق لكل طرف تؤكد فيها صفة الطرف الأخر . وثانيهما :- حجية العقد الالكتروني او القوة القانونية الإلزامية لوسيلة التعاقد، وهذه يضمنها في التجارة التقليدية توقيع الشخص على العقد المكتوب أو على طلب البضاعة أو نحوه أو البينة الشخصية(الشهادة) في حالة العقود غير المكتوبة لمن شهد الوقائع المادية المتصلة بالتعاقد إن في مجلس العقد أو فيما يتصل بإنفاذ الأطراف للالتزامات بعد إبرام العقد ، فكيف يتم التوقيع في هذا الفرض ، وما مدى حجيته أن تم بوسائل الكترونية ، ومدى مقبوليته بينة في الإثبات ، وآليات تقديمه كبينة إن كان مجرد وثائق وملفات مخزنة في النظام. إن بيئة التجارة الالكترونية توجد وسائل تتفق وطبيعتها ومن هنا وجدت وسيلة التوقيع الرقمي (**Digital Signature**) لتحقيق وظيفة التوقيع العادي.

---

(1) زكي، يسرى عبد الحميد، (2001)، "أمن الكمبيوتر ضرورة أم ترف " مجلة عالم الكمبيوتر والانترنت، السنة الثالثة، العدد 32، ص ص 56-58

والمرحلة الثالثة تتمثل في إنفاذ المتعاقدين لالتزاماتهما، البائع أو مورد الخدمة الملزم بتسليم المبيع أو تنفيذ الخدمة ، والزبون الملزم بالوفاء بالثمن ، ولكل التزام منهما تحد خاص به، فالالتزام بالتسليم يثير مشكلات التخلف عن التسليم أو تأخره أو تسليم محل تتخلف فيه مواصفات الاتفاق ، وهي تحديات مشابهة لتلك الحاصلة في ميدان الأنشطة التجارية التقليدية، أما دفع البدل أو الثمن ، فانه يثير إشكالية وسائل الدفع التقنية كالدفع بموجب بطاقات الائتمان ، أو تزويد رقم البطاقة على الخط ، وهو تحد نشأ في بيئة التقنية ووليد لها ، إذ يثير أسلوب الدفع هذا مشكلة امن المعلومات المنقولة ، وشهادات الجهات التي تتوسط عملية الوفاء من الغير الخارج عن علاقة التعاقد أصلا ، إلى جانب تحديات الأنشطة الجرمية في ميدان إساءة استخدام بطاقات الائتمان وأنشطة الاستيلاء على رقمها وإعادة بناء البطاقة لغرض غير مشروع [1].

يضاف إلى هذه التحديات ، تحديات يمكن وصفها بالتحديات العامة التي تتعلق بالنشاط ككل لا بمراحل تنفيذه كتحدي خصوصية العلاقة بين المتعاقدين وخصوصية المعلومات المتداولة بينهما وتحد حماية النشاط ككل من الأنشطة الجرمية لمخترقي نظم الكمبيوتر والشبكات ، أو ما يعرف عموما بجرائم الكمبيوتر وتحدي مشكلات الاختصاص القضائي في نظر المنازعات التي تظهر بين أطراف العلاقة التعاقدية، إذ في بيئة الانترنت،

---

(1) يونس عرب(2001)، مرجع سابق، ص76

تزول الحدود والفواصل الجغرافية، وتزول معها الاختصاصات المكانية لجهات القضاء ، فأي قضاء

يحكم المنازعة وأي قانون يطبق عليها عند اختلاف جنسية المتعاقدين، وهو الوضع الشائع في

حقل التجارة الالكترونية. ويوضح الشكل(6) الإطار العام لتحديات التجارة الالكترونية والوسائل

التقنية لحل هذه التحديات .

شكل رقم (6)

إطار توضيحي للتحديات القانونية للتجارة الالكترونية

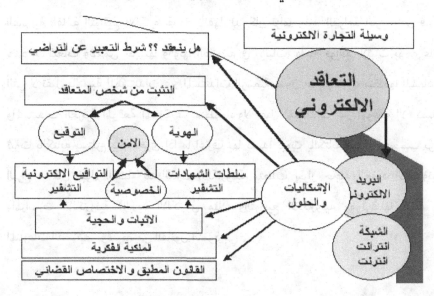

المصدر: يونس عرب(2001)، موسوعة القانون وتقنية المعلومات، الكتاب

الأول، قانون الكمبيوتر، منشورات اتحاد المصارف العربية ، بيروت، لبنان.

عقود التجارة الالكترونية وقانونية وسائل التعاقد ووثائقه وحجية التواقيع الالكترونية.

لما كانت طلبيات البضاعة أو الخدمات تتم عبر الشبكة، أما بالدخول إلى الموقع المعني من قبل المستخدم أو عبر تقنية البريد الإلكتروني، ولما كان إبرام العقد يتم على الشبكة، فان أول ما أثير في هذا الميدان مدى حجية هذه المحررات والعقود التي لا تتضمن توقيعا ماديا عليها من قبل أطرافها أو مصدريها، وكحل يتفق مع الطبيعة التقنية لأنشطة التجارة الالكترونية، استخدمت تقنيات التواقيع الالكترونية، أما كصور تناظرية، أو رموز رقمية، ولا تعرف النظم القانونية القائمة التواقيع الالكترونية ولا تألفها، لذا كان لزاما وضع القواعد التي تكفل قبول هذه التوقيعات وتضمن حجيتها وقوتها القانونية في الإثبات، وأمام قواعد الإثبات بوجه عام، التي لا تقبل بالنسبة للمستندات غير المستندات الرسمية بدون حاجة دعوة منظمها للشهادة، والمستندات العرفية الموقعة المبرزة عبر منظمها، ولا تقبل المستندات غير الموقعة إلا كمبدأ ثبوت بالكتابة يستلزم بينة أخرى إذا ما اعترف بها كمبدأ ثبوت بالكتابة ابتداء - بحسب نوع النزاع - فان قبول القضاء للتعاقدات الالكترونية، يتطلب إقرار حجية العقود الالكترونية والمراسلات الالكترونية (البريد الالكتروني مثلا) والتواقيع الالكترونية وموثوقيتها كبينة في المنازعات القضائية. وقد تضمن القانون النموذجي

للتجارة الالكترونية الذي وضعته (اليونسترال)، وكذلك التشريعات التي سنت في الدول المتقدمة، قواعد تقضي بالمساواة في القيمة ما بين التعاقدات التقليدية والتواقيع العادية وبين رسائل البيانات الالكترونية والعقد الالكتروني والتوقيع الالكتروني الرقمي، وقررت عدد من التشريعات معايير للحجية تقوم على إثبات حصول الاتصال وموثوقية الموقعين المتصلين، كما أجازت بعضها عمليات التشفير التي تكفل حماية التوقيع من الالتقاط غير المصرح به [1] .

وتثير العقود التقنية تحديا آخر، يتمثل بالعقود النموذجية للتعاقد الموجودة أصلا على الموقع، ويمكن أن نضيف إليها، رخص الاستخدام المتعلقة بالمنتجات ذات الحقوق المعنوية لأصحابها (رخص الملكية الفكرية)، ففي كثير من الحالات تكون شروط التعاقد موجودة على موقع النشاط التجاري على الشبكة، وتتضمن شرطا صريحا بان مجرد طلب البضاعة أو الخدمة يعد قبولا وإقراراً بهذه الشروط، أي أن القبول مربوط بواقعة مادية خارجة عن تصريح القبول، تماما كما هو الحالة في عرض البضاعة مع تحديد سعرها المعروفة في القوانين المدنية السائدة، وأما بالنسبة للسلع التي تتصل بحقوق الملكية الفكرية ، كشراء حزمة برامج الحاسوب مثلا، وهي ما أثرت جدلا قانونيا بشان قانونية وحجية رخص فض العبوة عندما تتضمن العبوة الموضوع بها البرنامج عبارة تفيد أن فض العبوة بنزع الغلاف يعد

---

(1) عبد النبي، طه ياسين،(2003)"الاختراق في شبكة الإنترنت"،المركز القومي للمختبرات الإنشائية،العراق،. Arab computing .come /haking . html http://internet ، 6-1

قبولا لشروط التعاقد الواردة في الرخصة النموذجية - غير الموقعة، أو تنزيل البرامج عبر الشبكة بعد أداء المقابل المطلوب، حيث يترافق تشغيل البرنامج في هذه الحالة مع ظهور الرخصة المخزنة (تقنيا) داخله، وهي رخصة تتضمن شروط الملكية الفكرية ومتطلبات التسجيل، وتتضمن أن مجرد تنزيل البرنامج يعد إقراراً بشروط الرخصة وقيود الاستخدام، وقد أثير جدال حول مدى حجية مثل هذه العقود أو الرخص المخزنة كنماذج شرطية داخل الوسائل التقنية، هل تعد حجة على الأطراف، المنتج أو البائع بوصفه مدخلا لها ضمن الواسطة التقنية، والمستخدم لتحقق القبول من ثبوت واقعة الطلب أو استخدام المنتج [1].؟؟

إن مشكلات عدم الاطلاع فعليا على هذه الشروط في كثير من الحالات، ومشكلات عدم معرفة قواعد الإثبات القائمة لهذه الشروط المخزنة داخل النظم كشروط نموذجية تثبت عناصر والتزامات التعاقد، بسبب عدم التوقيع عليها وعدم ثبوت توجيهها لشخص بعينه، وثبوت عدم مناقشتها بين الأطراف، كل ذلك وغيره استوجب التدخل التشريعي لتنظيم آلية إبرام العقد التقني أو شروط حجيته وموثوقيته، سواء نتحدث عن العقد المتصل بالمبيع أو عن رخص الاستخدام بوصفها التزاما بين جهتين. ونوضح فيما يلي ابرز العناصر والمسائل المتصلة بالعقود الالكترونية.

---

[1] يونس عرب(2001)، مرجع سابق، ص81

العقود الإلكترونية Web Wrap Agreement أو Click wrap Contracts.

قبل أن يكون هناك صفحات إنترنت web pages، كان هناك البرمجيات، وتماما كما أصبح لصفحات الويب، عقود ويب (web wrap agreements) فقد كان للبرمجيات الجاهزة (software) عقودا مشابهة سميت (shrink-wrap agreement) وعقود (shrink wrap agreement)، هي اتفاقيات الرخص (النقل) الرخص التي ترافق البرامج، وهي على شكلين، الأول، التي رخص تظهر على الشاشة أثناء عملية تنزيل البرنامج على الجهاز، وعادة لا يقرؤها المستخدم، بل يكتفي بمجرد الضغط (أنا اقبل I agree) أو (I accept)، إنها العقد الإلكتروني الذي يجد وجوده في واجهة أي برنامج ويسبق عملية التنزيل (Install).

أما الصورة الثانية، وهي السبب في أخذها هذا الاسم (الذي يعني رخصة فض العبوة) فإنها الرخص التي تكون مع حزمة البرنامج المعروضة للبيع في محلات بيع البرمجيات، وعادة تظهر هذه الرخصة تحت الغلاف البلاستيكي على الحزمة وعادة تبدأ بعبارة (بمجرد فض هذه العبوة، فانك توافق على الشروط الواردة في الرخصة) ومن هنا شاع تعبير (رخصة فض العبوة).

وكانت هذه الطريقة في حقيقتها طريقة مقنعة للتعاقد، لكنها لم تكن يوما طريقة واضحة، ولم تكن تشعر أن العقد ملزم، لان أحدا لم يكن يهتم لقراءة الرخصة قبل فض العبوة، ولا حتى بعد فضها، وربما عدد محدود من

الأشخاص ممن احتفظوا بالرخصة نفسها، ومن هنا رفضتها المحاكم في المرحلة الأولى. لكن وفي الفترة الأخيرة، وتحديدا في عام 1998 وفي إحدى القضايا وهي الأشهر من بين قضايا رخص فض العبوة، وهي قضية Pro CD v. Zeienberg، قضت محكمة الاستئناف الأمريكية / الدائرة السابعة، بقبول حجية هذا العقد قياسا على العقود التي لا يجري معرفة شروط التعاقد إلا بعد الدفع فعلا كتذاكر الطائرة، وبوالص التامين[1].

هذا العقد - عقد فض العبوة - مثل الأساس التاريخي والعملي لعقود الويب أو العقود الإلكترونية، وسيكون لهذا العقد دور آخر في حقل العقد الإلكتروني عندما يكون محل القياس لدى بحث قانونية العقود الإلكترونية وسيجري قياس العقد الإلكتروني في قيمته القانونية أمام المحاكم الأمريكية.

ويعد العقد C lick Wrap Contract الصورة الأكثر شيوعا للعقد الالكتروني وهو عقد مصمم لبيئة النشاط (على الخط) كما في حالة الانترنت ، وذلك بوجود (وثيقة) العقد مطبوعة على الموقع متضمنة الحقوق والالتزامات لطرفيه (المستخدم وجهة الموقع) منتهية بمكان متروك لطباعة عبارة القبول أو للضغط على إحدى العبارتين (اقبل) أو (لا اقبل) أو عبارات شبيهة، وترجع تسميته المشار إليها إلى حقيقة إن إبرام العقد يتم بالضغط (click) على أداة الماوس، أما على أيقونة الموضع المتضمنة

---

[1] يونس عرب(2001)، مرجع سابق، ص52

- 112 -

عبارة (أنا اقبل) أو في المساحة المخصصة لطبع هذه العبارة لغايات وضع المؤشر فيها عبر الضغط بالماوس .

ويستخدم العقد الالكتروني لكافة التصرفات محل الاتفاقات على الشبكة ، وبشكل رئيس -: إنزال البرامج أو الملفات عن الشبكة، الدخول إلى خدمات الموقع وتحديدا التي تتطلب اشتراكا خاصا في بعض الأحيان أو مقابل مالي أو لغايات الحصول على الخدمة (كالمحادثة ومجموعات الأخبار أو الإعلان والأدلة) أو لغايات التسجيل والالتزام العقدي بإنفاذ الخدمة المعروضة مجانا بشروط الموقع كخدمات البريد المجاني والاستضافة المجانية وغيرها.وكذلك لإبرام التصرفات القانونية على الخط كالبيع والشراء والاستئجار وطلب القرض وإجراء عملية حوالة مصرفية وإبرام بوالص التأمين ودفع الثمن وغيرها .

ومن حيث أهمية العقد الإلكتروني، فان تقنية العقود الالكترونية توفر قدرة التعاقد على الشبكة وفي بيئتها والحصول على الخدمات والبضائع والمصنفات بأرخص الأسعار ومن خلال قوائم اختيار معروفة وواسعة ومن أي موقع أو مصدر للموردين على الخط (OSP)، كما تتيح للمورد تحديد التزاماته بوضوح وتحديد نطاق المسؤولية عن الخطأ والأضرار جراء التعاقد أو بسبب محل التعاقد كأخطاء البرمجيات ومشاكلها ، وتساهم في تسهيل المقاضاة بين الطرفين لما تقرره من قواعد شاملة بالنسبة للحقوق والالتزامات .

وتتعدد أنواع العقود الإلكترونية من حيث آلية إبرامها : ويمكن ردها بوجه عام إلى طائفتين، أما عقود تتم بمجرد الضغط على أيقونة (مربع/ مستطيل) القبول وتسمى (**Icon Clicking**) . أو عقود تتم بطباعة العبارة التي تفيد القبول (**Type & Click**) . أما من حيث المحل فتمتد إلى أنواع غير حصرية باعتبارها تتعلق بمنتجات وخدمات وطلبات . ويوضح الشكل ا7 لشكل الدراج للعقد الالكتروني على مواقع الانترنت.

شكل (7)

نموذج إيضاحي للعقد الالكتروني على الانترنت

!Error

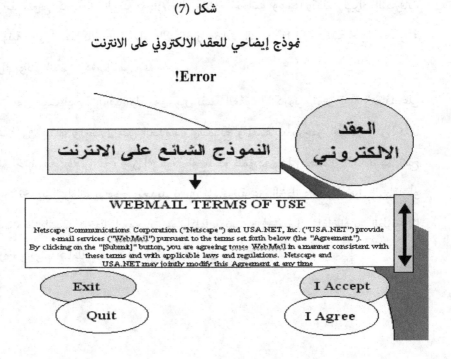

المصدر: يونس عرب(2001)، موسوعة القانون وتقنية المعلومات، الكتاب الأول، قانون الكمبيوتر، منشورات اتحاد المصارف العربية ، بيروت، لبنان.

وقد بحثت العديد من المحاكم في النظم القانونية المقارنة حجية هذه العقود ، وتباينت الاتجاهات بشأنها قبل أن يتم تنظيم حجيتها قانونا في عدد من الدول أو الاستعداد التشريعي في عدد آخر تمهيدا لقبولها وإقرار حجيتها ضمن شروط ومعايير معينة ، ويمكن القول أن الاتجاه العام قبل التدخل التشريعي أجاز قبول هذه التعاقدات قياسا على تراخيص فض العبوة في حقل البرمجيات ، وذلك ضمن شروط أهمها وأولها أن يكون متاحا بيسر الاطلاع على شروطها وقراءتها وتوفر خيارات الرفض والقبول وان يتعزز القبول بإجراء أكثر من مجرد الضغط على الماوس في حالة النوع الأول من هذه العقود المشار إليه أعلاه . وأضافت بعض المحاكم شرط اعتمادية وسائل التعريف بشخصية المستخدم إلى جانب وسائل الأمان (قضية Hotmail Corp v. Van Money Pic 1998 و قضية ProCD, Inc. v. Zeidenberg 1996 وقضية Hill v. Gateway (2000 Inc. 1997 & Brower v. Gateway 2000 Inc. 1998

التوقيع الرقمي وتشفير البيانات المرسلة .

التوقيع الإلكتروني عبارة عن جزء صغير مشفر من بيانات يضاف إلى رسالة إلكترونية كالبريد الإلكتروني أو العقد الإلكتروني ، وثمة خلط كبير في مفهوم التوقيع الرقمي ، حيث يظن البعض انه أرقام ورموز أو صورة للتوقيع العادي . وهو ليس كذلك ، إذ لا تعد صورة التوقيع العادي بواسطة السكانر (الماسحة الضوئية) توقيعا إلكترونيا.

فالتوقيع الإلكتروني على رسالة ما عبارة عن بيانات مجتزأة من الرسالة ذاتها (جزء صغير من البيانات) يجري تشفيره وإرساله مع الرسالة. بحيث يتم التوثق من صحة الرسالة من الشخص عند فك التشفير وانطباق محتوى التوقيع على الرسالة.

ويتم التوقيع الإلكتروني(الرقمي) بواسطة برنامج كمبيوتر خاص لهذه الغاية وباستعماله فان الشخص يكون قد وقع على رسالته تماما كما يوقع ماديا(في عالم الأوراق والوثائق الورقية)، ويستخدم التوقيع الرقمي على كافة الرسائل الإلكترونية والعقود الإلكترونية .

أما وظيفة التوقيع الرقمي ، فيمكن من الوجهة القانونية تبين ثلاث وظائف رئيسة لها هي :

1- التوقيع الرقمي يثبت الشخص الذي وقع الوثيقة.

2- يحدد التوقيع الرقمي الشيء (الوثيقة) التي تم توقيعها بشكل لا يحتمل التغيير .

3- يخدم التوقيع الرقمي

إن التوقيع العادي عبارة عن رسم يقوم به الشخص، انه فنا وليس علما، ومن هنا يسهل تزويره أو تقليده ، أما التوقيع الرقمي، فهو من حيث الأصل وفي حدود أمن استخدام برنامجه من قبل صاحب البرنامج، علم وليس فنا، وبالتالي يصعب تزويره، وان كان هذا لا يعني انه يمكن عند اختلال معايير الأمن المعلوماتي قد يتم استخدام توقيع الغير الالكتروني،

وتكمن صعوبة (التزوير) في اختيار أجزاء من الوثيقة المرسلة ذاتها ومن ثم تشفير هذه الأجزاء، وهو ما يقوم به برنامج الكمبيوتر وليس الشخص، وتحصين التوقيع الرقمي رهن بحماية سرية كلمة السر ومفتاح التشفير.

وفي بيئة التوقيع العادي على الأوراق أو المحررات ، يمكن اقتطاع الوثيقة عن التوقيع الوارد عنها أو اقتطاع جزء منها واستبداله ، في حين ذلك ليس أمرا متاحا في الوثيقة الإلكترونية الموقعة رقميا ، فالتوقيع الرقمي لا يثبت الشخص منظم الوثيقة فقط ، بل يثبت بشكل محدد الوثيقة محل هذا التوقيع ، أنه جزء منها ورموز مقتطعة ومشفرة ، ولدى فك التشفير يتعين أن ينطبق التوقيع ذاته على الوثيقة . إنها مسالة أشبه بنموذج التثقيب الذي يستخدم لمعرفة صحة الإجابات النموذجية في امتحانات الخيارات المتعددة ، انك تضع الكرت المثقب على الإجابة فتحدد فورا الصواب والخطأ. وهنا يتعين أن ينطبق النموذج (التوقيع) على الرسالة فإذا تخلف ذلك كانت الوثيقة غير المرسلة وكان ثمة تلاعب بالمحتوى . ومن هنا أيضا يفضل التوقيع الرقمي التوقيع العادي.

ويرتبط التوقيع الالكتروني بالتشفير ارتباطا عضويا، والتشفيرencryption-كما أوضحنا في القسم الأول - هو عملية تغيير في البيانات، بحيث لا يتمكن من قراءتها سوى الشخص المستقبل وحده، باستخدام مفتاح فك التشفير. وفي تقنية المفتاح العام يتوفر المفتاح ذاته لدى المرسل والمستقبل ويستخدم في عمليتي التشفير وفك التشفير .

والطريقة الشائعة للتشفير تتمثل بوجود مفتاحان، المفتاح العام public-key وهو معروف للكافة، ومفتاح خاص private-key، يتوفر فقط لدى الشخص الذي أنشأه. ويمكن بهذه الطريقة لأي شخص يملك المفتاح العام ، أن يرسل الرسائل المشفرة، ولكن لا يستطيع أن يفك شيفرة الرسالة . إلا الشخص الذي لديه المفتاح الخاص .

موثوقية التجارة الإلكترونية وتحديات إثبات الشخصية ومسؤولية الشخص الثالث .

عندما يدخل مستخدم ما على موقع يباشر أنشطة التجارة الالكترونية على الخط ، يبدأ بطلب السلعة أو المنتج أو الخدمة، وبالنسبة للقائم على موقع التجارة الالكترونية، فان المهم لديه التوثق من صحة الطلب، ويتطلب ذلك ابتداء التوثق من أن من يخاطبه هو فعلا من دون اسمه أو عنوان بريده الالكتروني أو غير ذلك من معلومات تطلبها مواقع التجارة الالكترونية، فكيف يمكنه ذلك، خاصة في ظل تنامي إجراءات الاختراق وإساءة استخدام أسماء الغير في أنشطة جرمية على الشبكة وبنفس الوقت سيجيب موقع التجارة الالكترونية الطلب وتحديدا الالتزام بتسليم محل التعاقد، فما الذي يضمن للمستخدم إن ما وصله من معلومة إنما جاءته من هذا الموقع وما الذي يضمن له أيضاً أن هذا الموقع حقيقي وموجود على الشبكة، إن حل هذه المعضلة استتبع إيجاد حلول تقنية (كوسائل التعريف الشخصية عبر كلمات السر والأرقام السرية، أو وسيلة التشفير عبر ما

عرف بوسيلة المفتاح العام والمفتاح الخاص، ووسائل التعريف البيولوجية للمستخدم كبصمات الأصابع المنقولة رقميا أو تناظريا وسمات الصوت أو حدقة العين أو غيرها)، وهي وسائل أريد منها ضمان تأكيد الاتصال واثبات صحة صدور المعلومة عن النظام التقني الصادرة عنه ، لكن لكل منها ثغراته الأمنية وتعد بالعموم غير كافية - ليس دائما طبعا - وهذا ما استتبع اللجوء لفكرة الشخص الوسيط في العلاقة، وهو جهة تؤكد صحة التعامل على الخط، وهي شركات ناشطة في ميدان خدمات التقنية تقدم شهادات تتضمن تأكيداً أن الطلب أو الجواب قد صدر عن الموقع المعني وتحدد تاريخ ووقت صدور الطلب أو الجواب، وحتى تضمن شخصية المخاطب توفرت تقنيات التعريف على الشخص، بدأ بكلمة السر وانتهاء بالبصمة الصوتية، أضف إلى ذلك تقنيات التشفير التي يزداد الجدل حول مشروعيتها، سيما في ظل أثرها المانع والمقيد لحرية تدفق البيانات وانسيابها ومساسها في كثير من الحالات بالخصوصية سيما عند إجراء عملية التوثق وتفتيش النظم التي تتطلب اطلاعا على معلومات مخزنة في النظام خارجة عن العلاقة العقدية المعنية.

وقد أثير في ميدان العلاقات القانونية للتجارة الالكترونية ، مسألة مسؤولية الشخص الثالث، وتحديدا مزودي خدمات الانترنت، وجهات استضافة المواقع أو الجهات المناط بها تسجيل الموقع، هل تسأل عن أنشطة المواقع التي تحتال عبر الإيهام بوجود نشاط تجاري الكتروني، سواء أكان غير قائم أو غير محقق لما يعلن عنه، وتتجه التشريعات نحو إبراء الشخص

الثالث من هذه المسؤوليات بكونه غريبا عن العلاقة العقدية ولتوفر وسائل الأمن التقنية وشركات المثوقية المشار إليها التي تعطي أطراف العلاقة قدرة على ضمان حقوقهم بعيدا عن الشركات المزودة للخدمات التقنية ، لكن ذلك استدعى نصوصا قانونية صريحة ، نظرا لما تطاله القواعد العامة أحياناً في ميدان المسؤولية التقصيرية التي تمتد إلى المتسبب في الخطأ لا إلى المباشر فقط.

أما عن مسؤولية الشركات المتعاقد معها لضمان إثبات شخصية الطرف الآخر وصحة الاتصال ، فان الاتجاه الغالب يذهب إلى مسؤوليتها عند إيرادها معلومات خاطئة أو غير دقيقة، باعتبار أن التعاقد أنبنى على هذه المعلومات وسندا لوجود التزام قانوني عليها، في الغالب يكون لقاء ما يدفعه الزبون لها لضمان صحة تعاملاته التجارية على الخط .

أمن معلومات التجارة الالكترونية وقانونية التشفير .

اتجه العالم منذ منتصف الثمانينيات إلى إقرار قواعد لتجريم أنشطة إساءة استخدام الكمبيوتر والشبكات، فان الحركة التشريعية في هذا الميدان لا تزال ضيقة ومتعثرة ، وقد دفعت التجارة الالكترونية وأهميتها المتزايدة إلى وجوب الوقوف أمام أهمية التدابير التشريعية لحماية نظم المعلومات، ومن هنا لم يكن كافيا اعتماد الحماية التقنية فقط - ومن أسف أن هناك تفريط في كثير من الحالات حتى في الحماية التقنية - فحماية أنشطة التجارة الالكترونية، وتحديدا أنشطة الوفاء بالثمن والدفع عبر الخط ونقل المال

والمعلومات المالية وسائر أنشطة البنوك الالكترونية، تستلزم حلول امن تقنية مميزة ومتجددة وشاملة، وضمن حقيقة أن مجرمي التقنية والشبكات يسبقون حماتها بخطوة دائما، كما تستلزم حماية قانونية وتدخلا تشريعيا لتجريم كافة صور جرائم الكمبيوتر وتحديدا اختراق النظم دون تصريح، والتقاط المعلومات وإعادة استخدامها للحصول على منفعة كما في إعادة بناء البطاقات المالية وأنشطة الغش المعلوماتي أو احتيال الكمبيوتر وأنشطة التزوير في عالم التقنية[1].

إن أمن المعلومات عموما وامن التجارة الالكترونية ؟، هو امن المعلومات المتبادلة على الخط ، ولذا ، وجدت جهات الحلول التقنية في سلسة التشفير مخرجا ملائما ، وتطور فن التشفير وحلوله إلى المدى الذي أمكن للمتخاطبين ضمان أن لا تفك رموز رسائلهم وتعاقداتهم إلا من الجهة التي تملك المفتاح المزود من قبلها ، لكن التشفير استلزم قواعد تشريعية في ميدان المعايير المقبولة حتى لا تتجاوز فائدته الايجابيات إلى سلبيات حقيقية في ميدان انسياب المعلومات ونشرها ، ولنا في التجربة الأمريكية مثالا حيا ، حيث قضي بعدم دستورية التشفير بصيغته التي اتبعت في عام 1996 لكن أصبح التشفير، سواء في المواقع الحكومية أو الخاصة

(1) البداينه، ذياب، 2002، الأمن وحرب المعلومات، دار الشروق للنشر والتوزيع، عمان، الأردن، ص89

أمراً مقبولا في ظل معايير التشفير التي هي جزء من أخلاقيات استخدام التقنية وتشريعات تنظيم استخدامها المقرة بعد هذا التاريخ[1].

الخصوصية.

إن حماية البيانات المتصلة بالحياة الشخصية، أثير في معرض حماية قواعد المعلومات، لكنه عاد ليحتل مكانا بارزا لدى بحث إسرار العلاقات التجارية وخطورة تفتيش النظم وملاحقة المعلومات على حق الخصوصية، إذ تشيع وسائل تقنية[2]، استلزمتها التجارة الالكترونية، تتيح تعقب الاتصالات ومعرفة معلومات تفصيلية عن مستخدم الشبكة، وإذا كان التناقض قائما بين موجبات الحماية الأمنية وبين موجبات حماية الخصوصية، فان التوفيق بينها جاء عبر القواعد التشريعية التي وضعت المعايير وأجازت أنشطة لا تخرق الخصوصية وفي الوقت ذاته تحمي نشاط التجارة الالكترونية[3].

[1] الغريب، انتصار نوري، (1994)، أمن الكمبيوتر والقانون ، بيروت، دار راتب الجامعية، ص43
[2] حجازي، عبد الفتاح بيومي، (2002)،النظام القانوني لحماية التجارة الإلكترونية، ط1 ، الإسكندرية، دار الفكر الجامعي، ص23
[3] كيت، فريد هـ(1999)،الخصوصية في عصر المعلومات،ط1، ترجمة محمد محمود شهاب ،مركز الأهرام للترجمة والنشر، ص79

تحديات الملكية الفكرية وتأثيرات اتفاقية تربس العالمية .

حقوق الملكية الفكرية في ميدان النشر الالكتروني خصوصا مع تزايد الاستيلاء على التصاميم التي يستخدمها موقع ما،[1] وحقوق الملكية الفكرية على أسماء المواقع، وعلى ملكية الموقع نفسه، وحقوق الملكية الفكرية بالنسبة للعلامات التجارية للسلع والأسماء التجارية، وكذلك حقوق المؤلفين على محتوى البرمجيات التقنية التي تنزل على الخط أو تسوق عبر مواقع التجارة الالكترونية، إن كل هذه المشكلات التي ضاعفت سطوتها التجارة الالكترونية استلزمت مراجعة شاملة للقواعد القانونية الخاصة بالملكية الفكرية وربطها بالأنشطة التجارية الدولية في ميدان البضائع والخدمات، وهي المبرر أيضا لإقرار اتفاقية تربس العالمية كواحدة من اتفاقيات منظمة التجارة الدولية التي تلتزم بها الدول الأعضاء، ولا نضيف جديدا إذا قلنا أن العديد من الدول ارتجلت قواعد في ميدان الملكية الفكرية دون النظر إلى متطلبات التجارة الالكترونية وهو ما جعل قواعدها، رغم حداثة تشريعها ووضعا، غير متوائمة مع متطلبات التجارة الالكترونية [2] .

---

(1) عرب، يونس، (2002) ، دليل أمن المعلومات والخصوصية : الخصوصية وحماية البيانات في العصر الرقمي، ط1، منشورات اتحاد المصارف العربية، موسوعة القانون وتقنية المعلومات، ص69

(2) سالم، فادي، (2000)، "أخطر ما يهدد أمن الشبكة: نقاط الضعف والممارسات الخاطئة"، مجلة انترنت العالم العربي، العدد 11-ص ص 56

الضرائب:

تتجه السياسات الحكومية إلى عدم إقرار أية ضرائب على أنشطة التجارة الالكترونية
انسجاما مع تحرير التجارة والخدمات، فإذا كانت الأنشطة التقليدية تتجه نحو التحرير، فانه من
باب أولى أن لا تفرض أية قيود على التجارة الالكترونية لأنها بذاتها وطبيعتها عالمية لا تقيدها
حدود ولا تعيقها الأنظمة الجغرافية القائمة.

المبحث الخامس

نظام الدفع والسداد والنقود الإلكترونية

لقد انتشرت في السنوات الأخيرة خاصة بعد ظهور الإنترنت طرق ووسائل متعددة لدفع وسداد المستحقات المالية بطرق الإلكترونية بين المشتري والبائع وتعمل بنوك معينة إلى تطوير هذه الوسائل باستمرار بهدف تقديم وسائل أكثر أمناً، وتقديم خدمات تتناسب وحاجات المستهلك، ومن هذه الوسائل البطاقات الإلكترونية المتعددة مثل البطاقات البلاستيكية بأنواعها المختلفة، والبطاقات الذكية، والشيكات الإلكترونية.

إن تلك الوسائل الإلكترونية قدمت العديد من الفوائد للمستهلك فالمستهلك يستطيع شراء مختلف حاجاته من محلات ومتاجر معينة ودفع قيمتها باستخدام بطاقة الإلكترونية صغيرة، دون الحاجة إلى عناء حمل مبالغ كبيرة، ومن خلال الإنترنت فإنه يستطيع أن يشتري ما يشاء وسداد الثمن في أي وقت يشاء، كما أن الكثير من الشركات التي لها مواقع على الإنترنت تقدم للمستهلك خيارات مختلفة لدفع قيمة مشترياته.

كما انتشرت وسائل الدفع الإلكترونية وخاصة البطاقات البنكية المختلفة بشكل كبير في الوطن العربي لاسيما في دول الخليج، وبعض الدول الأخرى مثل الأردن ومصر، ولبنان. وهناك توقعات مختلفة تشير تزايد استخدام تلك البطاقات في المستقبل سواء على مستوى الوطن العربي أو على مستوى العالم،

لدرجة توقع البعض بإمكانية أن تكون النقود الإلكترونية هي نقود المستقبل بدلاً من النقود المألوفة.

ومع ظهور التجارة الإلكترونية وانتشارها أصبحت وسائل الدفع السداد حجر زاوية نجاح وتطور التجارية الإلكترونية وتتضمن وسائل الدفع المستخدمة في التجارة الإلكتروني إلى:

- سداد قيمة الضائع عند الاستلام COD
- بطاقات البنوك أو بطاقات النقود البلاستيكية.
- الخدمات البنكية الحديثة.
- الشيكات الإلكترونية

بطاقات النقود البلاستيكية:

ظهرت النقود البلاستيكية مع بداية القرن العشرين في الولايات المتحدة الأمريكية، وقد كانت المتاجر الكبرى والفنادق وشركات البترول هي أول من أصدر هذه البطاقات، وقد كان هدفها ضمان إخلاص عملائها باستمرار تعاملهم معها عن طريق منحهم تسهيلات في السداد من خلال تلك البطاقات التي تصدرها، ثم ظهرت فكرة الائتمان من الحساب الجاري وقد نفذها بنك

بوسطن الوطني عم (1955)، ثم تطورت عملية إصدار البطاقات وأصبحت هناك عدة شركات مختصة تقدم خدمة البطاقات مثل شركة فيزا (Visa))[1].

وبطاقات الدفع البلاستيكية هي بطاقات بنكية مصنوعة من مادة بلاستيكية ذات مواد كيميائية معينة خاصة ، ويطلق عليها عدة مسميات مثل بطاقات الاعتماد، بطاقات الدفع الإلكترونية، بطاقات الائتمان وهو الاسم الأكثر شيوعاً[2].

ويستطيع حامل هذه البطاقة أن يشتري معظم حاجاته ودفع قيمتها دون الحاجة إلى خمل مبالغ كبيرة ولتي قد تعرضه لمخاطر السرقة أو الضياع، ومن ناحية أخرى يستطيع حامل هذه البطاقة استخدامها للحصول على النقد من خلال آلات الصرف الذاتي (Automatic ATM Teller Machines)[3]

وتعرف بأنها " عقد يتعهد بمقتضاه مصدر البطاقة بفتح اعتماد معين لمصلحة شخص آخر هو حامل البطاقة الذي يستطيع بواسطتها الوفاء بقيمة مشترياته لدى المحلات التجارية التي ترتبط مع مصدر البطاقة بعقد تتعهد فيه

[1] مروة كامل مصطفى أحمد، تقييم خدمة الائتمان من وجهة نظر العاملين في الجامعات الأردنية، المجلة العربية للإدارة، العدد الثاني والعشرون، المنظمة العربية للتنمية الإدارية ، جامعة الدول العربية ، القاهرة 2002م. ص 26.

[2] عبد المنعم محمد الطيب، وسائل ونظم الدفع والسداد في التجارة الإلكترونية، مجلة المقتصد، العد (29)، بنك التضامن الإسلامي، الخرطوم – السودان ، 2002م، ص 4.

[3] رأفت رضوان، التجارة الإلكترونية، مرجع سبق ذكره ، ص 48.

بقبولها الوفاء بمشتريات حاملي البطاقات الصادرة عن الطرف الأول، على أن تتم التسوية النهائية بعد مدة محددة".[1]

كذلك فقد عرفها البعض بأنها " بطاقة بلاستيكية أو ورقية مصنوعة من مادة يصعب العبث بها تصدرها جهة ما - بنك أو شركة استثمار - يذكر فيها اسم العميل الصادر لصالحه ورقم حسابه. حيث يملك حامل البطاقة تقديم تلك البطاقة للتاجر لتسديد ثمن مشترياته ويقوم التاجر بتحصيل تلك القيمة من الجهة المصدرة التي تقوم بدورها باستيفاء تلك المبالغ من حامل البطاقة".

أطراف التعامل في البطاقات البلاستيكية:[2]

يمكن تقسم أطراف التعامل في بطاقات الائتمان إلى:

1. مركز العالمي للبطاقة: وهو مؤسسة عالمية تتولى إنشاء البطاقة ورعايتها والموافقة على عضوية البنوك في جميع أنحاء العالم للمشاركة في إصدارها وتسوية المستحقات المالية بينها والقيام بدور المحكم لحل أي نزاعات تنشأ بين المتعاملين بالبطاقة.

2. مصدر البطاقة: وهي البنوك المنتشرة في جميع أنحاء العالم، حيث يقوم البنك المصدر للبطاقة بالإعلان عن إصداره للبطاقة والترويج لها وتسويقها، كما يقوم بالتعاقد مع التجار المحليين لقبول البيع بالطاقة وربط

---

[1] بنك الإسكندرية ، وسائل ونظم الدفع الإلكتروني ، النشرة الاقتصادية، المجلد الرابع والثلاثون، إدارة البحوث الاقتصادية، 2002م ، ص 29.
[2] بنك الإسكندرية، المرجع السابق ، ص 29 ، 30 ، 31.

شبكة أجهزة الصرف الآلي لديه بشبكة المنظمة العالمية للبطاقة لتسهيل عملية السحب النقدي بموجب البطاقة من أي جهاز صرف آلي في العالم مرتبط بالشبكة.

3. حامل البطاقة : وهو الفرد الذي يحصل على البطاقة لاستخدامها في الحصول على السلع والخدمات من التجار أو سحب نقدية من آلات السحب النقدي أو البنوك وفروعها المشتركة في عضوية البطاقة ثم دفع المستحقات للبنك المصدر حسب نوع البطاقة.

ومن الناحية التعاقدية يمكن النظر إلى المركز العالمي للبطاقة ومصدر البطاقة كطرف واحد نظراً لأن التزاماتهم وحقوقهم تجاه باقي أطراف التعامل واحدة.

أقسام بطاقات النقد البلاستيكية:

(أ) بطاقات الدفع:

ولإصدار مثل هذه البطاقات فإنه يتطلب القيام بفتح حساب جاري لدى البنك المصدر لهذه البطاقات ، ويتم إيداع مبلغاً لا يقل رصيده عن الحد الأقصى المسموح له بالشراء في حدوده، وعندما يقوم حامل البطاقة بشراء السلع أو للحصول على خدمات من التجار فأنهم يرسلون مستندات الشراء إلى البنك الذي يقوم بالخصم مباشرة بقيمة المستحق عليه نتيجة هذا الشراء وذلك من الحساب الجاري في صورة قيود دفترية كما يتم الخصم أيضاً لقيمة المسحوبات النقدية التي سحبت من آلات سحب النقود أو من البنوك، وفي

نهاية كل شهر يرسل البنك كشف حساب العميل (حامل البطاقة) مع فائدة معينة ينص عليها في اتفاق إصدار البطاقة.[1]

(ب) بطاقات الخصم أو الدفع الشهري أو القيد الآجل Charge Card

وإصدار مثل هذه البطاقات لا يتطلب من حاملها الدفع المسبق للبنك المصدر في صورة حساب جاري كما في النوع الأول، وإنما تتم لحسابه معه شهرياً (أي أن فترة الائتمان لهذه البطاقة لا تتجاوز شهراً) عن طريق إرسال البنك كشف حساب لحامل البطاقة يتضمن المبالغ المستحقة عليه نتيجة مشترياته من السلع والخدمات ، وكذلك مسحوباته النقدية من آلات الصرف أو البنوك على أن يكون ذلك في حدود الحد الأقصى للبطاقة، وتتضمن اتفاقية الإصدار بأنه إذا تأخر حامل البطاقة عن السداد خلال فترة محددة فإن البنك يحمله فوائد معينة.

(ج) بطاقات الائتمان Credit Card

تعود فكرة الائتمان إلى فترة الخمسينات، حيث أصدر مصرف أمريكا عام 1958م بطاقة باسم (Bank Americard) باللون الأزرق والذهبي والأبيض وذلك في ولاية كاليفورنيا، حيث كان يسمح لمجموعة معينة من العملاء بسداد قيمة المنتجات للتجار المشتركين دون دفع نقدية، ثم يدفع

---

(1) عبد المنعم محمد الطيب ، وسائل ونظم الدفع والسداد في التجارة الإلكترونية، مجلة المقتصد، العدد 26، بنك التضامن الإسلامي، الخرطوم ، 2002م، ص 5.

هؤلاء لعملاء القيمة للمصرف في تاريخ لاحق مقابل المنتجات المشتراة، وفي عام 1976م تم تغيير لسن البطاقات إلى VISA USA و VISA.[1]

وتقوم فكرتها على عدم الدفع المسبق للبنك المصدر مثل النوع السابق ولكن سداد المستحق على حامل البطاقة لا يتم شهرياً وإنما على أقساط دورية تتناسب مع دخله، مع اعتبار المبالغ التي يعجز عن سدادها في الفترة المحددة قرضاً يتم احتساب فوائد عليه. وتصدر هذه البطاقات في حدود في حدود مبالغ معينة، وتتميز بأنها توفر كلا من الوقت والجهد لحاملها، وكذلك تزيد من إيرادات البنك المصدر لما يحصل عليه من دراسة جيدة لموقف العميل حتى لا يواجه البنك مخاطر عالية في حالة عدم السداد. ومن أمثلة هذا النوع من البطاقات: الفيزا والماستر كارد، وأمريكان اكسبريس، كما تتميز هذه البطاقات بإمكانية الشراء الفوري والدفع الآجل،وتصدر بالعملتين المحلية والأجنبية، كما أنها تحمل صورة العميل درءاً للتزوير أو السرقة، وأيضاً إمكانية سداد المبالغ المحسوبة غبر هذه البطاقات بالعملة المحلية سواء كان المبلغ محلياً أو خارج الدولة.

[1] روب سميس، مارك سبيكر، مارك تومستون، التجارة الإلكترونية مرشد الأذكياء الكامل، الطبعة الأولى ، دار الفاروق للنشر والتوزيع، القاهرة، جمهورية مصر العربية، 2000م، ص 226.

مزايا بطاقات الائتمان: [1]

يحقق التعامل ببطاقات الائتمان العديد من المنافع لأطرافها، نذكر منها:

(أ) بالنسبة لحامل البطاقة:

- تعتبر بطاقة الائتمان أداة سهلة الاستخدام لسداد أثمان السلع الاستهلاكية والخدمات كبديل للنقود أو الشيكات، إذ يسهل حملها، كما أنها أكثر أمان من حمل النقود أو دفاتر الشيكات.

- إمكانية الشراء الفوري والدفع الآجل.

- يستطيع حامل البطاقة أن يسحب مبالغ نقدية من أي فرع من فروع البنوك الكبرى في العالم.

- أدى انتشار استخدام بطاقات الائتمان في مختلف دول العالم إلى التيسير على المسافرين الذي يزورون أكثر من دولة من خلال أداة دفع واحدة بدلاً من حمل العملات الأجنبية المختلفة.

- يتضمن كشف حساب العميل بياناً تفصيلياً بالمبالغ التي أنفقت في كل مكان استخدم فيه بطاقته ونوع العملة المستخدمة والتاريخ الذي استخدمت فيه، وبالتالي يتوافر لدى العميل سجل تفصيلي بنفقاته.

---

[1] بنك الإسكندرية، مرجع سابق ، ص 34، 33.

- الحصول على ائتمان قصير الأجل بطريقة سهلة وميسرة، ويعد الائتمان الذي يتمتع به حامل البطاقة هو ائتمان متجدد Revolving لكنه في حدود الفترة المسموح بها.

- تجنيب حامل البطاقة الإجراءات المطولة التي تتم عند الشراء الآجل من التجار مباشرة أو عند الاحتياج لنقود من لبنك.

- الحد من النفقة المرتبطة باستخدام الطرق التقليدية في المدفوعات.

(ب) بالنسبة للتاجر:

- تساهم بطاقة الائتمان في تحقيق السرعة المطلوبة في إتمام العمليات التجارية.

- زيادة الإيرادات من بيع السلع والخدمات إلى حملة البطاقات الذين يكون لديهم حافز للشراء دون انتظار تواجد النقود معهم.

- ضمان التاجر حصوله على ثمن بطاعته وتحويلها إلى حسابه بالبنك المصدر للبطاقة دون عناء.

- الاستفادة من إدراج اسم المتجر في الدليل الذي يوزعه مصدر البطاقة على حملة البطاقات ووضع شعار البطاقة في مكان ظاهر بالمتجر، مما يمثل إعلاناً مجانياً عن المتجر.

- تعطي البطاقات للمتجر الذي يتعامل ببطاقات الائتمان ميزة تنافسية عن غيره من المتاجر الأخرى التي لا تتعامل بها.

(ج) بالنسبة للبنك المصدر:

- يمثل إصدار البطاقة للبنك مصدراً جديداً للإيرادات متمثلاً في الرسوم المحصلة من حملة البطاقات، والعمولة المستقطعة من التجار مقابل التعجيل بثمن المشتريات إلى جانب الفوائد على المبالغ غير المحصلة من حملة البطاقات، وفرق سعر الصرف في حالة السداد بعملة أجنبية.
- اكتساب عملاء جدد للبنك كالتجار الذين يقومون بفتح حساب لهم في البنك لقيد مستحقاتهم وكذا حملة البطاقات الذين يلجأون لفتح حسابات لدى البنك، وإيداع مبالغ الضمان لهم.

ثانياً: البطاقات الذكيةٍ Smart Card

مع التطور المستمر في مجال أمن وتسهيل طرق الدفع والسداد الإلكتروني، ظهر جيل جديد من البطاقات يسمى البطاقة الذكية (Smart Card). لقد بدأ هذا النوع من البطاقات في الظهور في الولايات المتحدة الأمريكية ١، حيث أعلن عن بناء نظام متكامل للنقل العام قائم على البطاقات الذكية، والتي تتيح للمتنقلين من ركوب معظم وسائل النقل المتاحة كالقطارات ، والاتوبيسات، وسيارات الأجرة، والقوارب، وذلك بمجرد

تمرير البطاقة في مجري خاص في جهاز قارئ البطاقات الذكية المتواجدة في مختلف وسائل النقل والمحطات المختلفة. [1]

ويتم تصنيع هذه البطاقات من لدائن خاصة تحتوي معالج دقيق (شريحة إلكترونية) تسمج بتخزين الأموال والمعلومات، مما يمنحها قدرة اتصالية وأمنية مقارنة ببطاقات الائتمان الأخرى، [2] ويشبه البعض هذه البطاقات بالكمبيوتر المتنقل لكونها تتضمن على سجل بالبيانات والمعلومات المختلفة، مثل الأرصدة القائمة لصاحب البطاقة وحدود المصروفات المالية التي قوم بها، وكذلك المعلومات، مثل الاسم، العنوان واسم مصدر البطاقة، أسلوب الصرف، المبلغ المنصرف، وتاريخه، تاريخ حياة العميل المصرفية، وكذلك الرقم السري .. كما تمتاز هذه البطاقات بعهدة عناصر للحماية ضد عمليات التزوير أو التزييف أو سوء الاستخدام من جانب الغير في حالة سرقتها، ومن أهم عناصر الحماية نوع اللدائن المستخدمة، صورة العميل الفوتوغرافية، الرقم السري، حدود التصرفات، عدم القدرة على فتح الغطاء الخارجي لها [3]، كما أن كل المعلومات الموجود بها مشفرة، بعكس بطاقات الائتمان، فمثلاً تظهر بطاقات الائتمان الأخرى رقم الحساب ظاهرة بأرقام بارزة على

[1] طارق عبد العال حماد، التجارة الإلكترونية، الدار الجامعية، الإسكندرية، مصر، 2003م، ص 124.
[2] http://www.albayan.ae/servlet/Satellite?cid=109012504895&pageaname=Bayan%2FbatanArtical%2 fukkStyle3&c=page.
[3] رأفت رضوان، التجارة الإلكترونية، مرجع سبق ذكره، ص 55.

وجه البطاقة مما يسهل عملية النصب، بينما في البطاقة الذكية فإن عملية النصب والسرقة غير ممكنة عملياً حيث أن رقم الحساب غير بارز على صفحة البطاقة بل مخزن على الشريط المغناطيسي، كما أنه مشفر بمفتاح خاص.(1)

ويمكن شـراء هذه البطاقـات من الشركات أو البنـوك المصدرة، كما يمكن تحميلها بالنقد من أجهزة الصراف الآلي (ATM) ، أو عن طريق قارئ البطاقات الذكية، أو عن طريق التلفون أو الكمبيوتر لشخصي، والبطاقات الزكية تعتبر بطاقات دين، ولذا فهي لا تحتاج إلى موافقة البنك على كل معاملة، كما يمكن تداول وحدات القيمة المسجلة إلى من بطاقة إلى بطاقة، ومن مستعمل إلى مستعمل، وعند القيام بعملية الشراء فإن قيمة الشراء يتم طرحها مباشرة بطريقة أوتوماتيكية من بطاقة المشتري، ويتم إيداع هذه القيمة في أجهزة طرفية إلكترونية للبائع، ومن ثم يستطيع البائع أن يحول ناتج عمليات البيع والشراء اليوم إلى حسابه البنكي عن طريق الوصلات التلفونية(2), وهذا ما يجعل البطاقات الذكية تعمل في عالم on line وعالم off line وهذه ميزة خاصة تتميز بها البطاقات الذكية بخلاف البطاقات الأخرى(3).

---

(1) **طارق عبد العال حماد، المرجع السابق، ص 123 ، 125.**

(2)**http:/www,albayan.ae/servlet/Satellite?cid=109012504895&pageaname=Bayan%2FbatanArtical%2fukkStyle3&c=page.**

(3) **إبراهيم العيسوي، التجارة الإلكترونية ، الطبعة الأولى، المكتبة الأكاديمية القاهرة، مصر، 2003، ص 88.**

خطوات الشراء باستخدام البطاقات الذكية: (1)

1. فتح حساب لدى البنك المصدر.

يقوم المستخدم بفتح حساباً لدى البنك المصدر للبطاقات الذكية ويتلقي بطاقة ذكية.

يتم التخصيص من هوية المستخدم لحظة إجراء عملية الشراء.

2. تفريغ العملة:

يقوم المستخدم بتفريغ العملة على البطاقة، ويستطيع القيام بذلك باستخدام قارئ البطاقات الذكية، أو باستخدام الكمبيوتر المرتبط بالإنترنت ، حيث يتمكن من تحميل البطاقة بكمية من النقود في شكل وحدات إلكترونية تخزن على البطاقة.

3. عملية الشراء:

عند رغبة المستخدم في شراء سلعة معينة من موقع معين على الإنترنت يقوم بإدخال البطاقة في قارئ البطاقات الذكية المرتبط بالكمبيوتر، حيث تخصم قيمة السلعة وتتحول إلى حساب البائع.

4. تسليم البضاعة:

بعد تأكد البائع من خصم وتحويل العملة إلى حسابه يقوم بتسليم البضاعة إلى العنوان المحدد من قبل المستخدم.

---

(1) طارق عبد العال حماد، مرجع سابق، ص 127.

5. يسترد البائع العملة:

بعد انتهاء عملية الاستلام والتسليم فإن البائع يستطيع أن يسترد العملة المودعة لدى البنك.

الشيكات الإلكترونية"

الشيكات الإلكترونية هي المكافئ الإلكتروني للشيكات الورقية التقليدية، فالشيك الإلكتروني هو رسالة إلكترونية موثقة ومؤمنة تصدرها جهة معنية.

إن الشيك الإلكتروني لا يختلف عن الشيك التقليدي (الورقي) إلا في كونه وثيقة إلكترونية (أي في صورة رقمية) يتم تحريرها وتبادلها إلكترونياً عبر الإنترنت. ويتم استخدام الشيكات الإلكترونية لإتمام عمليات الدفع الإلكتروني بين طرفين من خلال وسيط، ولا يختلف ذلك كثيراً عن نظم تحصيل الشيكات العادية، حيث يقوم الوسيط بتسجيل قيمة الشيك من حساب العميل ويضيفه إلى حساب التاجر [1].

---

[1]) بهاء شاهين، العولمة والتجارة الإلكترونية : رؤية إسلامية ، الطبعة الأولى ، مطابع الفاروق الحديثة للطباعة والنشر، القاهرة ، 2000م، ص 141.

كيفية استخدام الشيك الإلكتروني:

1. اشتراك المشتري لدى جهة التخليص أو المعالجة ، وغالباً بنك،حيث يقوم البنك بفتح حساب جاري للمشتري بالرصيد الخاص بالمشتري، كما يتم تحديد توقيع المشترى بالرصيد الخاص بالمشتري ، كما يتم تحديد توقيع الكتروني للمشتري وتسجيله في قاعدة البيانات لدى جهة التخليص.

2. يتم التحقق من هوية المستخدم لحظة إجراء كل عملية.

3. اشتراك البائع لدى جهة التخليص نفسها، حيث يتم فتح حساب جاري له، كما يتم تحديد التوقيع الإلكتروني توقيع إلكتروني للمشتري وتسجيله في قاعدة البيانات لدى جهة التخليص.

4. يقوم المشتري باختيار السلع أو السلعة من البائع، ويتم السعر الكلي، والاتفاق على طريقة الدفع (وهو هنا الشيك الإلكتروني).

5. يقوم المشتري بتحرير الشيك الإلكتروني، ويقوم بتوقيعه بالتوقيع الإلكتروني (الخاص به) المشفر، ثم يقوم بإرساله بالبريد الإلكتروني المؤمن على البائع.

6. يقوم البائع باستلام الشيك الإلكتروني الموقع من قبل المشتري ، ويقوم هو بالتوقيع عليه كمستفيد وذلك بتوقيعه الإلكتروني المشفر، ثم يقوم بإرساله إلى جهة التخليص.

7. تقوم جهة التخليص بمراجعة الشيك والتحقق من صحة الأرصدة والتوقيعات، وبناء على ذلك ، تقوم بإخطار كل من المشتري والبائع بتمام المعاملة المالية، أي خصم الرصيد من المشتري وإضافته للبائع.

مزايا الشيكات الإلكترونية:

— يوفر التعامل بالشيكات الإلكترونية حوالي (50%) من رسوم التشغيل بالمقارنة ببطاقات الائتمان مما يساهم في تخفيض النفقات التي يتحملها المتعاملون بهذه الشيكات.

— يتم تسوية المدفوعات من خلال الشيكات الإلكترونية في (048) ساعة فقط بالمقارنة بالشيكات العادية التي يتم تسويتها في وقت أطول من خلال غرف المقاصة.

— يتيح التعامل بالشيكات الإلكترونية القضاء على المشاكل التي تواجهها الشيكات العادية التي يتم إرسالها بالبريد مثل الضياع أو التأخير.

رابعاً: النقود الإلكترونية:

تعتبر النقود الإلكترونية شكلاً جديداً من أشكال السداد والدفع الإلكتروني، وهي تشبه النقود المعدنية أو الورقية إلى حد ما من حيث قدرة المشتري على شراء مختلف حاجاته الكبيرة أو الصغيرة، وتتمتع بدرجة عالية من الأمان من حيث القدرة على نسخها أو تزويرها أو ضد أي نوع من الغش أو التلاعب. والنقود الإلكترونية تختلف عن بطاقات الائتمان ، فهي شكل الإلكتروني مماثل للعملات الورقية والتي يمكن تجزئتها وتبادلها وتخزينها كما سنعرف ذلك لاحقاً.

وقد عرف التوجيه الأوروبي رقم 2000/46م الصادر في 2000/9/18م النقد الإلكتروني بأنه: "قيمة نقدية مخلوقة من المصدر مخزنة على وسيط إلكتروني، وتمثل إيداعاً مالياً تكون مقبولة كوسيلة دفع من قبل الشركات المالية غير الشركة المصدرة.[1]

ونظراً للمشاكل المرتبطة ببطاقات الائتمان والتي أهمها تحميل التجار أتعاب عمليات التحويل التي يفرضها البنك الوسيط، والتي تتراوح بين (1.5% - 3%). وقيام المحلات التجارية التي تتعامل ببطاقات الائتمان بتحديد حد أدنى لقيمة مشتريات العملاء والتي تصل إلى (10) أو (15) دولار وذلك لتتجنب الخسائر التي تتحملها من عمليات البيع بقيم صغيرة (نتيجة

---

(1) فيصل سعيد الغريب، التوقيع الإلكتروني في الإثبات، المنظمة العربية للتنمية الإدارية ، الكويت، 2005م، ص 237.

المصروفات الواجب دفعها إلى البنك لمعالجة كل عملية صغيرة أو كبيرة) والتي تستهلك أرباحهم بشكل تدريجياً. بالإضافة إلى أن نسبة كبيرة من المستهلكين لا يستطيعون امتلاك بطاقات ائتمانية بسبب تدني دخولهم أو وجود مشاكل مديونية لديهم .. الخ، كما أن نسبة كبيرة من صغار السن لا يستطيعون امتلاك مثل تلك البطاقات لصغر سنهم، وغيرها من المشاكل .. ونتيجة لتلك المشاكل تأتي النقود الإلكترونية (الجديدة) لوضع حلولاً مناسبة لكل الشرائح سواء كانت مدفوعاتهم صغيرة أو كبيرة[1].

وتعتمد فكرة النقد الرقمي على قيام المشتري بشراء عملات إلكترونية من البنك المصدر لها، ويتم تحميل هذه العملات على الحاسب الشخصي للمشتري وتكون في صورة وحدات صغيرة القيمة ولكل عملة رقم خاص أو علامة خاصة من البنك المصدر، وبالتالي تحل العملات الإلكترونية محل العملات العادية، وتكون بنفس القيمة المحددة عليها وتسمى (Tokens) [2] وعند تحميل العملات على الحاسب الشخصي، فإن المشتري يستطيع إنزالها وتخزينها على أي وسيلة تخزين أخرى، كما يستطيع تخزينه على بطاقته الذكية وبالتالي تمثل محفظة إلكترونية لحفظ نقوده ومعلومات.

(1) طارق عبد العال حماد، مرجع سبق ذكره، ص 105 – 106 – 109-.
(2) رأفت رضوان، مرجع سابق، ص 65.

حيازة النقود الإلكترونية:

هنالك اتجاهان لحيازة النقد الإلكتروني وهما:

1. تخزين on line
2. تخزين off line

(1) تخزين on line :

ووفقاً لهذا الاتجاه فإن المستهلك لا يحوز شخصياً النقد الإلكتروني، وإنما يتعهد بالمدفوعات إلى طرف ثالث وهو البنك المنوط به هذه المهمة on line ، حيث يقوم البنك بكل التحويلات الخاصة بالنقد الإلكتروني ومسك الحسابات النقدية للمشتري، وذلك يساعد على منع الغش وتأكيد الصلاحية النقدية للمشتري.

(2) تخزين off line :

وفقاً لهذا الاتجاه والذي يمثل المعادل الفعلي للنقود التي يحتفظ بها المشتري، حيث يستطيع العميل أن يحوز النقود الإلكترونية دون وجود طرف ثالث يؤتمن عليه عمليات التحويل والحماية ضد الغش، وتعتبر البطاقة الذكية (بالإضافة إلى أجهزة التخزين الأخرى كالكمبيوتر والأقراص المختلفة) هي الحل لتخزين النقود الإلكترونية.

والتي يطلق عليها Hardware أما البرمجيات Software تعتبر الحل لتوفير الأمن والحماية.[1]

مما سبق يمكننا أن نستنتج أنه يمكن حيازة النقود بطريقة On line أو بطريقة Off line ، وبالتالي فإنه يمكن استخدام النقود الإلكترونية في عمليات الشراء الفوري On line عبر مواقع الإنترنت المتعاملة بالدفع الفوري، كما أنه يمكن استخدامها في عمليات الشراء Off line ، وذلك من خلال استخدام البطاقات الذكية وبوجود قارئ البطاقات الذكية لدى المخلات التجارية المتعاملة بالبطاقات الذكية، وبالتالي فهذه تمثل ميزة هامة للنقود الإلكترونية إلا أننا نجد أنه في الحالة الأولى On line فإن عمليات التخزين والتحويل والحماية يعهد بها إلى البنك المصدر ، بينما في الحالة الثانية يعهد بها إلى البرمجيات ووسائل التخزين المختلفة.

كيفية استخدام النقد الإلكتروني وإجراءاتها: [2]

1. يقوم المشتري بشراء النقد الإلكتروني من أحد البنوك المصدرة، وعادة تكون في شكل وحدات نقدية صغيرة تسمى (Tokens) .

2. اقتناء المشتري برنامج خاص بإدارة النقد الإلكتروني، ويمكن الحصول عليه مجاناً من شركة (Caber Cash) ، حيث يقوم هذا البرنامج بحماية وحدات النقد الإلكتروني من المحو والنسخ كما يقوم

---

[1] طارق عبد العال حماد، مرجع سبق ذكره، ص 109.
[2] رأفت رضوان، مرجع سابق، ص 67.

بحساب الأرصدة في ضوء عمليات اقتناء النقد الإلكتروني أو في صرفه في عمليات الشراء.

3. يقوم البائع المتعامل بالنقد الإلكتروني باشتراك في أحد البنوك التي تتعامل بالنقد الإلكتروني وهي بنوك تعمل بطبيعتها على شبكة الإنترنت.

4. اقتناء البائع على برنامج خاص لإدارة النقد الإلكتروني ، ويمكن الحصول على هذا البرنامج أيضاً من شركة (Caber Cash) مجاناً، حيث يقوم هذا البرنامج بتنفيذ مهام الحماية وتأمين النقد على الحاسوب الخاص به، كما يقوم بالسيطرة على عملية تحويل الأرصدة من نقد إلكتروني إلى نقد حقيقي.

وكما هو واضح فإن الخطوات السابقة هي إجرائية سابقة لأي عملية شراء، وهي تتصل بعمليات إدارة النقد، أما الخطوات الخاصة بعملية الشراء فهي تبدأ بعد قيام المشتري بتصفح مقر البائع، والتعرف على السلع وأسعارها ، ثم اختيار المناسبة ودفع قيمتها، وهذه الخطوات يمكن بيانها بشكل متتابع مع الخطوات السابقة كما يلي:

5. يقوم المشتري باختيار السلعة المناسبة ، واتخاذ قرار الدفع بالنقد الإلكتروني فيقوم برنامج إدارة النقد الإلكتروني للمشتري بما يلي:

أ- اختبار الرصيد وإمكانية السداد.

ب-   إذا كان الرصيد يسمح بالسداد يقوم لبرنامج بتحديد وحدات النقد الإلكتروني من خلال أرقام خاصة وحدة نقدية في كشف خاص ، وإرساله إلى البنك.

6. يقوم البنك بتلقي كشف الدفع من المشتري ويتأكد من صحة النقود الإلكتروني (مثل صحة أرقام وحدات النقد، صحة البصمات الإلكترونية ... الخ) ثم يقوم بعد ذلك بإرسال كشف النقد الإلكتروني للبائع.

7. يتلقى برنامج إدارة النقد الإلكتروني للبائع كشف النقد الإلكتروني الموقع من قبل البنك ويقوم بإضافة وحدات النقد الجديدة (بأرقامها وعلامات التأمين الخاصة بها) إلى خزينة البائع الرقمية.

8. يقوم برنامج النقد الإلكتروني للبائع بإخطار المشتري بتمام السداد، فيقوم نظام إدارة النقد الإلكتروني الخاص بالمشتري بمحو هذه الوحدات المحددة بالكشف من محفظة المشتري نهائياً.

وهناك خطوة نهائية خارج عملية البيع والشراء ، وهي تحويل النقد الإلكتروني إلى نقد عادي، وتتم هذه العملية بين نظام إدارة النقد الإلكتروني للبائع وبين البنك المشترك فيه البائع، حيث يتم إرسال كشف حساب بجميع وحدات النقد الإلكتروني لدى البائع أو بعضها، ويقوم البنك بزيادة رصيد البائع لديه بقد قيام برنامج إدارة النقد بمحو تلك الوحدات من أجهزة البائع.

مزايا النقود الإلكترونية:

1.   سهولة الاستخدام:

حيث يستطيع المشتري سداد قيمة مشترياته بمجرد إصدار الأمر على حاسبه الآلي، وأيضاً تتيح النقود فرصة التعامل بالعديد من العملات مع إمكانية التحويل بين هذه العملات بصورة لحظية وبأي قيمة.

2.   السرية والخصوصية:

يستطيع المشتري في ظل هذا النظام الجديد أن يقوم بعملية الشراء دون أن يكون مضطراً لتقديم أية معلومات إلى الحد الذي يشير المخاوف حول إمكانية استخدام هذه السرية في الأنشطة الإجرامية.

3. انخفض التكاليف:

يمكن نظام النقود الإلكترونية من تخفيض تكلفة مقل هذه المعاملات بصورة حادة، حيث لا توجد تكاليف مقاصة أو تسوية، فقيمتها مدفوعة مقدماً، كما أن العملية بالكامل تتم أوتوماتكياً وفي منتهى البساطة. ويقدر الخبراء أن تكلفة العملية الواحدة قد تتراوح بين سنت أمريكي واحد وبين خمس سنتات، وربما في بعض الأحيان أقو من ذلك.

الأساليب البنكية الحديثة

1. الهاتف المصرفي:

وهي من الخدمات التي تقدمها العديد تقدمها العديد من البنوك في العديد من الدول ولاسيما الدول المتقدمة، وقد قدمت هذه الخدمة تسهيلات كبيرة سواء للعملاء أو البنوك، فعن طرق الهاتف يستطيع العملاء القيام بالعديد من المهام المالية بسهولة ومتى شاءوا.

وقد قامت العديد من البنوك في تشغيل هذه الخدمة لتجنب ازدحام العملاء للاستفسار عن حساباتهم في البنوك التقليدية ، وتتميز هذه الخدمة بأنه مستمرة يومياً (24 ساعة يومياً) بما فيها الإجازات والعطلات الرسمية. ويستطيع العميل أن يجري عدد من المعاملات المالية مثل سداد فاتورة التلفون ، أو الكهرباء ، أو الغاز ، أو تحويل مبلغ من حساب العميل إلى حساب آخر، أو سحب مبلغ من المال، أو سداد بعض الالتزامات الأخر .. الخ. كما يستطيع العملاء استخدام الهاتف المصرفي للعمليات المصرفية البسيطة، أما عمليات الحصول على القروض، أو فتح الاعتمادات فيصلون إجراؤها وجهاً لوجه مع موظفي البنك نظراً لتعقيداتها، ولتحاشي حدوث الأخطاء ، وللرد على الاستفسارات المختلفة[1].

---

(1) رأفت رضوان، التجارة الإلكترونية ، مرجع سبق ذكره، ص59.

وهكذا نجد أن هذه الخدمة قدمت فوائد هامة للعملاء من حيث سرعة إنجاز معاملاتهم المالية عبر الهاتف في أي وقت، وعدم الانتظار لساعات طويلة ، كما تساعد هذه الخدمة في تجنيب الكثير من العملاء من مشاكل التغيب أو التأخير عن أعمالهم.

تعتمد هذه الخدمة على وجود شبكة ترتبط بين فروع البنك ، بحيث تمكن الموظف المختص من الوصول إلى بيانات العميل مباشرة من أي فرع يقوم العميل الاتصال به، لقد وجدت المصارف الكبرى أن تكوين مراكز للاتصال لخدمة العملاء أمر يوفر عليها الكثير من الوقت ، وسرعة إنجاز المعاملات المختلفة ومن ثم فهو يساعد على توفير التكاليف[1].

وبرغم من حداثة هذه الخدمة إلا أنها شهدت تطورات مختلفة ساعدت على تقديم خدمات أكثر راحة وسهولة للعملاء. ومن هذه التطورات شعور العميل بخصوصيته مع البنك الذي يتعامل معه، وقد ساعد ذلك على تكوين علاقة قوية بين العميل والبنك. كما ظهرت خدمة الرد الآلي أو التلقائي على مكالمات العملاء لتقديم خدمات مختلفة، ومن التطورات الحديثة التي تقدمها مراكز الهاتف المصرفي هو إمكانية الرد على رسائل البريد الإلكتروني الذي أصبح أداة فاعلة بين البنك والعميل.

---

[1] صلاح الدين حمزة الحسن، الصيرفة الإلكترونية، مجلة المصارف ، العدد التاسع ، السنة الثالثة ، اتحاد المصارف السوداني، أكتوبر، 2004م، ص19.

(2) المدفوعات عبر الهاتف الجوال:

لقد انتشرت خدمة الهاتف الجوال بشكل كبير في مختلف الدول بشكل يفوق أعداد مشتركي الإنترنت من الشبكة للهاتف الثابت، كما تعددت الأجهزة النقالة بأنواع ومزايا ونظم مختلفة ، وقد طورت الشركات المصنعة وشركات الاتصال للخدمات المقدمة للعملاء عبر الهاتف النقال.

ومن أهم مزايا الخدمات المقدمة عبر الهاتف الجوال هو قدرة العملاء على الولوج إلى شبكة الإنترنت، وقراءة البريد الإلكتروني ، وتصفح المنتجات المعروضة على الشبكة والقيام بعمليات الشراء، حيث يستطيع العميل تخويل مصرفه من دفع مبالغ صغيرة مقابل شراء خدمات أو منتجات معينة مثل إعادة شحن الهاتف نفسه. كما يمكن يستطيع العميل الاستعلام عن رصيده ومعرفة أوضاعه المالية. ويتلقى العميل رسائل قصيرة (SMS) تخبره برصيده و بحدوث خصم معين[1] .. الخ.

إلا أن استخدام الهاتف الجوال في عمليات الدفع محصورة على التعاملات المالية الصغيرة، كما أن هذه الخدمات غير متوفرة بشكل كبير في الدول النامية ما عدا العمليات المالية الصغيرة المتعلقة بقيمة شحن الهاتف ورصيده المتبقي.

([1]) رأفت رضوان ، التجارة الإلكترونية ، الطبعة الأولى، المنظمة العربية للتنمية الإدارية، القاهرة، 1999م ص 62.

(3) المدفوعات عبر الإنترنت:

وهي وسيلة حديثة تمكن الأفراد من تسديد التزامهم، وتحويل أموالهم باستخدام الإنترنت سواء كان من منزله أو من أي مكان آخر، ولهذا أطلق عليه عدة مسميات مثل : الصيرفة المنزلية Home Banking ، الصيرفة عن بعد Remote Banking ، الصيرفة الفورية Online Banking أو الصيرفة الإلكترونية Electronic Banking ـ بنك الإنترنت Internet Bank ... الخ وكل تلك المصطلحات تعني إمكانية إنجاز المعاملات المالية بالعملاء المشتركين في تلك الخدمات.

ومما سبق نجد أن تلك الخدمة تعتمد بشكل كبير على خدمة الإنترنت، إذ يتطلب أن يكون لدى العملاء أجهزة كمبيوتر حتى يتمكنوا من الاتصال بالبنك سواء كان من المنزل أو العمل، أو من أي مكان آخر، حيث يستطيع العميل أن يحصل على نشرات إعلانية عن الخدمات المصرفية، كما يستطيع العميل سداد التزاماتهم والتأكد من أرصدتهم، وتحويل الأموال من حساب إلى آخر .. الخ.

ومع تطور هذه الخدمة فإن العملاء سوف يتمكنوا من إجراءا المقابلات مع موظفي البنك من خلال عقد المؤتمرات على شاشات الكمبيوتر ، وتبادل الآراء والأسئلة والاستفسارات ، ويتطلب ذلك أن تقوم المصارف بعرض وتنسيق بياناتها على الإنترنت المصرفي بشكل جذاب، وذلك من خلال

التكلفة، والوفرة في الوقت وإقناع العملاء بأن الإنترنت المصرفي يعد الوسيلة الآمنة[1].

ويرجع تاريخ البنوك الإلكترونية أو بنوك الإنترنت إلى عام 1995م الذي شهد ولادة أول بنك على شبكة الإنترنت وهو Net.B@nk ، فهو يمتلك مكتباً واحد ـ ولا توجد له فروع ولديه (23) موظفاً لا يتعاملون من خلق الصندوق (بل عبر أجهزة الكمبيوتر) ، ولا يتعامل هذا البنك بالنقود التقليدية، ويمارس نشاطه في أكثر من (50) ولاية أمريكية ، وفي دول مجاورة أخرى، ولم يزر احد من عملاء البنك مكتبه أو موظفيه، ويمارس كافة أنشطة البنوك التقليدية من خلال الإنترنت مثل الحسابات الجارية وتوحيل الشيكات ومنح القروض ، ويدير معظم حملاته الدعاية من خلال الإنترنت[2].

وقد بدأت هذه الخدمة عندما تبنت بعض المصارف هذه الخدمة بالتدريج من خلال شبكة الإنترنت لانخفاض تكلفتها، وقد ساعد ذلك على تقبل العملاء لهذه الخدمة، والتدرب عليها ، فقد انتشرت هذه الخدمة في الدول المتقدمة بشكل كبير، حيث تضاعفت خلال أشهر معدودة (أقل من ستة أشهر) في أوربا الغربية.

---

[1] يونس عرب ، العقود الإلكترونية، أنظمة الدفع والسداد الإلكترونية، ورقة عمل مقدمة إلى الندوة المتخصصة حول التجارة الإلكترونية ، معهد التدريب والإصلاح القانوني، الخرطوم ، كانون أول /2002م، ص 9.

[2] عز الدين كامل أمين، مفهوم ومقومات العمل المصرفي الإلكتروني ، مجلة المصارف العدد الثامن السنة الثالثة، اتحاد المصارف السوداني، 2004م ، ص 24 – 60.

4. أوامر الدفع المصرفية الإلكترونية:

ظهرت هذه الخدمة عام 1960 ، ثم تطورت عام 1967، ويتم من خلالها تحويل الأموال من حساب العملاء على حساب أشخاص آخرين في الدولة مثل دفع المرتبات من حساب صاحب العمل إلى حساب الموظفين، أو دفع المعاشات الشهرية من حساب هيئة التأمين إلى حساب المستفيدين ، أو دفع التزامات دورية من حساب العميل إلى حساب الكهرباء ، أو التلفون ، أو الغاز ... الخ.

وفي عام 1995م تم تطبيق نظام (RTGS) وهو نظام للتسوية الفورية الإجمالية بالوقت الحقيقي، وهو يستخدم لتقديم خدمات المقاصة والدفع الإلكتروني وإجراء التسويات المالية الإلكترونية بين المصارف.

5. دار المقاصة المؤتمنة:

وهي شبكة آمنة تربط بين المؤسسات المالية، وهي غير منتشرة بشكل كبير فهي موجودة فقط في الولايات المتحدة الأمريكية ، والدول الكبرى ، وتعتبر الولايات المتحدة أكبر مستخدم لهذه الشبكة إذ تم تبادل حوالي (6.2) مليار تعامل مالي عام (1996) بما يعادل (19ز4) ترليون دولار[1] .

---

[1] عبد الحميد بسيوني/ عبد الكريم عبد الحميد بسيوني/ التجارة الإلكترونية على الإنترنت، دار الكتب العلمية للنشر والتوزيع، 2003م. ، ص 179.

المراجع

المراجع

المراجع العربية:

أ. الكتب:

بعيره أبو بكر، (1993). التسويق ودوره في التنمية، منشورات جامعة قار يونس، بنغاري، ط1.

أبو فارة , هاني، (2000). طرق التوزيع ، دار وائل للنشر ، عمان.

أبو فارة, يوسف ، (2001). التدقيق التسويقي ، الدار الأدبية للطباعة والنشر، الخليل .

أبو قحف, عبد السلام، (2002). أساسيات التسويق ، دار الجامعة الجديدة ، الإسكندرية.

أبو قحف، عبد السلام، (2002). الإدارة الإستراتيجية وإدارة الأزمات، دار الجامعة الجديدة، الإسكندرية.

أبو نبعة عبد العزيز مصطفى، (2002). مبادئ التسويق الحديث بين النظرية والتطبيق، دار المناهج للنشر والتوزيع ، عمان .

اتحاد المصارف العربية، (2000). التجارة الالكترونية والخدمات المصرفية والمالية عبر الانترنت، بيروت.

البداينه، ذياب، (2002). الأمن وحرب المعلومات، دار الشروق للنشر والتوزيع، عمان، الأردن.

الحسنية، سليم، (2002). مبادئ نظم المعلومات الإدارية، ط2، مؤسسة الوراق للنشر والتوزيع، عمان، الأردن.

،فلاح, الحسيني، (2000). الإدارة الإستراتيجية، مفاهيمها، مداخلها عملياتها المعاصرة، عمان، دار وائل للنشر.

الخطيب, فهد , محمد عواد، (2000). مبادئ التسويق، مفاهيم أساسية، دار الفكر للطباعة والنشر والتوزيع، عمان.

الخفاجي، نعمة عباس، (2004). الإدارة الإستراتيجية المدخل والمفاهيم والعمليات، عمان.

السيد علي, محمد أمين، (2000). أسس التسويق ، دار الوراق للنشر والتوزيع، عمان.

الصميدعي, محمود وردينة يوسف، (2001). سلوك المستهلك، مدخل كمي وتحليلي، دار المناهج للنشر والتوزيع، عمان.

الضمور, هاني، (1999). إدارة قنوات التوزيع، دار وائل للطباعة والنشر، عمان.

العارف، نادية، (2002). التخطيط الاستراتيجي والعولمة، الإسكندرية : الدار الجامعية.

العـلاق, بشـير ,الطـائي, حميـد، (1999). تسـويق الخـدمات (مـدخل اسـتراتيجي، وظيفي، تطبيقي) دار العقل للنشر، عمان.

الغريـب، انتصـار نـوري، (1994). أمـن الكمبيـوتر والقـانون ، بـيروت، دار راتـب الجامعية.

القطامين،أحمـد، (2002). الإدارة الإسـتراتيجية نمـاذج وحـالات تطبيقيـة، ط1، مجدلاوي للنشر والتوزيع،عمان.

الكردي، منال محمد والعبد، جلال إبـراهيم، (2000). مقدمـة في نظم المعلومـات الإدارية، ط1، الدار الجامعية، مصر.

المسـاعد، زكي خليـل، (2003). تسـويق الخـدمات وتطبيقاتـه، دار المنـاهج للنشرـ والتوزيع، عمان.

المصريـ, سـعيد محمـد، (2002). إدارة وتسـويق الأنشطة الخدميـة، المفـاهيم والأساسيات، الدار الجامعية للنشر، عمان.

المغربي، عبد الحميد عبد الفتـاح، (1999). الإدارة الإسـتراتيجية لمواجهة تحديـدات القرن الحادي والعشرين، ط1، مجموعة النيل العربية، مصر.

توفيق, محمد عبد المحسن، (1997). التسويق وتدعيم القدرة التنافسية للتصـدير، دار النهضة العربية، القاهرة.

حجازي، عبد الفتاح بيومي، (2002). النظام القانوني لحماية التجارة الإلكترونية، ط1، الإسكندرية، دار الفكر الجامعي.

حسن، علي وآخرون، (1999) الإدارة الحديثة لمنظمات الأعمال، البلقاء : دار ومكتبة الحامد للنشر والتوزيع.

حسين، فاروق سيد، (2001). التجارة الالكترونية وتأمينها، ط1، هلا للنشر والتوزيع، مصر.

سارة وايت، (2001). أساسيات التسويق، ترجمة تيب توب لخدمات التعريب والترجمة، دار الفاروق للنشر والتوزيع، القاهرة.

سالم، فادي، (2000). "أخطر ما يهدد أمن الشبكة: نقاط الضعف والممارسات الخاطئة"، مجلة انترنت العالم العربي، العدد 11.

سليم،محمد حامد، (1986). الاستراتيجيات الإدارية، ط1، دار القلم للنشر والتوزيع، دبي.

سهاونة، مهند، (2003). أسس تطبيق التجارة الإلكترونية في المؤسسات الصغيرة والمتوسطة- الجمعية العلمية الملكية

قاسم، عبد الرزاق محمد، (2004). تحليل وتصميم نظم المعلومات المحاسبية، ط1، دار الثقافة للنشر والتوزيع، عمان.

كيت، فريد هـ (1999). الخصوصية في عصر المعلومات،ط1، ترجمة محمد محمود شهاب ،مركز الأهرام للترجمة والنشر.

مرسي، نبيل، (1994). التخطيط الاستراتيجي، الإسكندرية : الدار الجامعية.

ياسين، سعد، والعلاق، بشير، (2004). "التجارة الإلكترونية"، عمان، دار المناهج للنشر والتوزيع.

روب سميس، مارك سبيكر، مارك تومستون، (2000). التجارة الإلكترونية مرشد الأذكياء الكامل، الطبعة الأولى ، دار الفاروق للنشر والتوزيع، القاهرة، جمهورية مصر العربية.

طارق عبد العال حماد، (2003). التجارة الإلكترونية، الدار الجامعية، الإسكندرية، مصر،.

&http:/www,albayan.ae/servlet/Satellite?cid=109012504895

c=page.&pageaname=Bayan%2FbatanArtical%2fukkStyle3

العيسوي ,إبراهيم، (2003). التجارة الإلكترونية ، الطبعة الأولى، المكتبة الأكاديمية القاهرة، مصر،

شاهين، بهاء، (2000). العولمة والتجارة الإلكترونية : رؤية إسلامية، الطبعة الأولى ، مطابع الفاروق الحديثة للطباعة والنشر، القاهرة ،

الغريب، ,فيصل سعيد، (2005). التوقيع الإلكتروني في الإثبات، المنظمة العربية للتنمية الإدارية ، الكويت.

الحسن ،صلاح الدين حمزة، (2004). الصيرفة الإلكترونية، مجلة المصارف ، العدد التاسع ، السنة الثالثة ، اتحاد المصارف السوداني.

رضوان ،رأفت، (1999). التجارة الإلكترونية ، الطبعة الأولى، المنظمة العربية للتنمية الإدارية، القاهرة.

ب. الدوريات:

الجبر، باسل، التجارة الإلكترونية: منطقة تجارة عالمية حرة خلال الإنترنت، وزارة التجارة، المملكة العربية السعودية. متاح في:

.http://www.commerce.gov.sa/ecomm/art1.asp

مروة كامل مصطفى أحمد، (2002). تقييم خدمة الائتمان من وجهة نظر العاملين في الجامعات الأردنية، المجلة العربية للإدارة، العدد الثاني والعشرون، المنظمة العربية للتنمية الإدارية ، جامعة الدول العربية ، القاهرة.

الطيب ،عبد المنعم محمد، (2002). وسائل ونظم الدفع والسداد في التجارة الإلكترونية، مجلة المقتصد، العدد 29، بنك التضامن الإسلامي، الخرطوم-السودان.

أمين، عز الدين كامل، (2004). مفهوم ومقومات العمل المصرفي الإلكتروني ، مجلة المصارف العدد الثامن السنة الثالثة، اتحاد المصارف السوداني.

الخطيب، فهد و فلاح الحسيني، (2002). التجارة الإلكترونية وأثرها في المركز الاستراتيجي للشركات: دراسة تطبيقية على عينة من الشركات الصناعية الأردنية ، (مجلة) دراسات ، العدد الأول ، عمادة البحث العلمي الجامعة الأردنية ، الأردن، يناير.

مصطفى، مروة كامل، (2002). الصعوبات التي تواجه التجارة الإلكترونية العربية من وجهة نظر أصحاب المتاجر الإلكترونية العربية، مجلة جامعة الملك سعود، المجلد الرابع عشر، العلوم الإدارية (2)، جامعة الملك سعود، ص 291.

الموسي، سعد بن عبد العزيز، (2003). التجارة الإلكترونية، سوق المستقبل، وزارة التعليم العالي، المملكة العربية السعودية.

الطيب، بتول، (2003). سياسات التجارة الالكترونية والمسائل القانونية، الشركة السودانية للاتصالات المحدودة(سوداتل).

الشيخ سالم، فؤاد ومحمد سليمان عواد، (2005). المعوقات المدركة لتبني تطبيقات التجارة الإلكترونية في الشركات الأردنية، المجلة الأردنية في إدارة الأعمال، المجلد (1)، العدد (1)، اللجنة العليا

للبحث العلمي، وزارة التربية والتعليم العالي والبحث العلمي ، عمان - الأردن ، ص 1-17.

أبو فارة ، يوسف أحمد،(2004). العلاقة بين خصائص المشتري عبر الإنترنت وخصائص المتجر الإلكتروني، وبين حجم التسوق الإلكتروني ، المجلة الأردنية للعلوم التطبيقية، المجلد السابع، العدد الأول، عمادة البحث العلمي، جامعة العلوم التطبيقية الخاصة ، عمان - الأردن، 118- 140.

الزعبي، خالد، (2002). " السرية في الحكومة الالكترونية، "مجلة الحاسوب، العدد 54.

توفيق ، محمد شريف، (2002). مدى الحاجة لتنظيم التوزيع الالكتروني لمعلومات تقارير الاعمال بالتطبيق على القطاع المصريفي وأساليب التنفيذ والمحاسبة عن عمليات التجارة الالكترونية، مجلة دراسات، المجلد29.

توفيق ، رائف وناجي معلا، (1993). مبادئ التسويق، منشورات جامعة القدس المفتوحة، عمان.

زكي، يسرى عبد الحميد، (2001). "أمن الكمبيوتر ضرورة أم ترف " مجلة عالم الكمبيوتر والانترنت، السنة الثالثة، العدد 32.

عبد الرحيم، راسم سميح، (1997). التجارة الالكترونية في خدمة المصارف العربية، اتحاد المصارف العربية، بيروت.

عبد النبي، طه ياسين، (2003). "الاختراق في شبكة الإنترنت"،المركز القومي للمختبرات الإنشائية،العراق، Arab computing .come /haking . html .http://internet

عبدالرحيم، راسم سميح، (1997). التجارة الإلكترونية في خدمة التجارة والمصارف العربية، مجلة اتحاد المصارف العربية، ج1، بيروت.

عرب، يونس، (2002). دليل أمن المعلومات والخصوصية : الخصوصية وحماية البيانات في العصر الرقمي، ط1، منشورات اتحاد المصارف العربية، موسوعة القانون وتقنية المعلومات.

منصور ، فرح، (2002). التجارة الإلكترونية في الوطن العربي: الوضع الراهن والآفاق المستقبلية، بحث مقدم لندوة العلوم والتكنولوجيا في الوطن العربي: الواقع والطموح (387-403) عمان 20-2001/10/21م، بيروت، المؤسسة العربية للدراسات والنشر، الطبعة العربية الأولى.

ملحم يحي سليم، (2006). التمكين كمفهوم إداري معاصر ، المنظمة العربية للتنمية الإدارية، القاهرة، جمهورية مصر العربية.

منصور فرح، (2001). التجارة الإلكترونية في الوطن العربي: الوضع الراهن والآفاق المستقبلية، بحث مقدم لندوة العلوم والتكنولوجيا في الوطن العربي: الواقع والطموح (387-403) ، بيروت، المؤسسة العربية للدراسات والنشر، ، الطبعة العربية الأولى.

عرب ، يونس، (2001). موسوعة القانون وتقنية المعلومات، الكتاب الأول، قانون الكمبيوتر، منشورات اتحاد المصارف العربية ، بيروت، لبنان.

بسيوني ، عبد الحميد وعبد الكريم عبد الحميد بسيوني، (2003). التجارة الإلكترونية على الإنترنت، دار الكتب العلمية للنشر والتوزيع.

ج- الندوات وأوراق العمل والتقارير

عرب، يونس، العقود الإلكترونية، أنظمة الدفع والسداد الإلكترونية، ورقة عمل مقدمة إلى الندوة المتخصصة حول التجارة الإلكترونية ، معهد التدريب والإصلاح القانوني، الخرطوم ، كانون أول (2002).

وزارة الاتصالات وتكنولوجيا المعلومات، التقرير السنوي ،(2004).

بنك الإسكندرية ، وسائل ونظم الدفع الإلكتروني ، النشرة الاقتصادية، المجلد الرابع والثلاثون، إدارة البحوث الاقتصادية، (2002).

الجريدة الرسـمية ، قـانون مؤقـت رقـم (8) لسـنة (2002). قـانون معـدل لقـانون الاتصالات .

مجموعة شركات الاتصالات الاردنيه، التقرير السنوي 2003-2004-2005-2006

د- الرسائل الجامعيه

أبو بكر شيخ الشيخ أبو بكر، (2003). آفاق التجارة الإلكترونية في الجمهورية اليمنية ، دراسة اتجاهات وميول المنظمات اليمنية ف استخدام التجارة الإلكترونية في قطاع الخدمات. رسالة ماجستير ، جامعة السودان للعلوم والتكنولوجيا ، الخرطوم.

الكلدي ، خالد محمد، (2006). مراحل تطوير التسويق الالكتروني في الشركات اليمنيه – رسالة دكتوراه جامعة السودان للعلوم والتكنولوجيا – الخرطوم.

المراجع الأجنبية

أ. الكتب

Applegate, L.M (2000). "E- Business Model" New Jersey: prentice hall.

Athitakis , M (2003)." how to wake money on the net " Business.

Burnett , R."Legal Aspects of E – commerce (2001) " . computing and control engineering Journal.

Butler , H ,(1999). E- Commerce Iscopes and limitation , advantage press , NewYork .

Butler , H ,(1999). E- Commerce Iscopes and limitation , advantage press , NewYork .

Callon, J.D. (1996). Competitive Advantage Through Information Technolagy . New York Mc Graw- Hill.

Callon, J.D. (1996). Competitive Advantage Through Information Technolagy . Newyork Mc Graw- hill

Carr, n.G. (ed).the Digital Enterprise. (2001). Boston I Harvard Business school press.

Chandler, A. D The evolution of modern global competition, in [39] .

Cunningham, M .S. (2001). B2B: HOW to Build a Profitable E-Commerce Strategy . Cambridge : Parsons pub.

Davis, B.speed is life. Newyork Doubleday/currency,2001.

Drucker, P, (2002). Monaginy in the Next Society .New York Turman Tally books .

Dudeja V.D,(2000). Management Information System In The New Millennium, Common Wealth Publisher, New Delhi.

Ehoi, S. Y, and A.B. Whinston. (2000). the Internet Economy, Technology, and Practice. Austin, Txismartecom. Com.

Elinton, W.J, and A.Gore, JR. (1997)." A framework for Global Electronic Commerce" dcc.syr.cdu/ford/course/e-commerce framework . pdf

Farhoomand, A., and p. lovelock. (2001).Global E-commerce. Singapore :prentice hall

Financial Times, September 3, (1997). The Economist, May 10, 1997 .

Finger, P, H. Kumar, T. Sharma (2000). Enterprise E- Commerce Tampa , flimeghan kiffer press.

Freatercnina (CRM) . Definitions of CRM perspective of CRM guru. Com 's contribute oributors.

greater china CRM. Org/eny/content-details .jsp? coutentid=413and subjected =9

Gilder, George, (2000). Telecom : How infinite Bandwidth will Revolutionize our world , the free press New York

Green Berg, P. (2002). CRM at the Speed of Light : Capturing and Keeping Customers in Internet Real Time , 2nd ed New York : Mc Graw-hill. Green Berg , P.(2002) CRM at the Speed of Light : Capturing and Keeping Customers in Internet Real Time , 2nd ed New York : Mc Graw-hill

Hardy, C. and Leiba-O'Sullivan, S. (1998). " The Power Behind Empowerment: Implications for Research and Practiceg". Human Relations, Vol.51, No.44.

Homburg.C , Krohmer .H,Workman.J , (1999). " Strategic Consensus and Performance : The Role of Strategy Type and market- Related Dynamisim ",Strategic Management Journal, vol 20.

http:/ www.cyberatals.internet.com:

http://mstawfik.tripod.com/sherif.htm

http://www.c4arab.com/showac.php?acid=120

Huber, G. (2003). The Business Environment in the Digital economy network : MCGrew- hill.

Huber, G. (2003). The Business Environment in the Digital economy network : MCGrew- hill

HUFF, S.L. et al, (2001). Cases in Electronic Commerce .New York: MC-Graw

ITU, "Challenges to Network" ,(1998). via World Trade Organization "Special Studies2: Electronic Commerce and the Role of the WOT".

Johnson. G , Scholes . K, (1993). " Exploring Corporate Strategy : Text And Cases " New York

Jurado,yolada Fernandez@paloma bilbao calabuig (2001),the impact of electroniccommerce ons mall and midsized Spanish companies, vol.7,nol.

KOTLER, PHILIP (2003), marketing management, edth11, united state.

Kroener, Donald W, & Watson. Hughj, (1990), Computer-Based Information Systems, Second edition, New York.

Lewis, P. (2001). 'Reward Management'. In Redman, T. and Wilkinson, A. (ed.) Contemporary human resource management: text and cases. Harlow: Financial Times Prentice Hall

Lipnack, j, and j. stamps .(2000). virtual teams - Reaching Across space , time , and organization with technology , 2nd ed , new york, John wily and sones.

Mc dermott, R., "Why information technology inspired but cannot deliver knowledge management" California Management Review, Vol. 41, 1999.

McConnell International, Ready(2001)? Net. Go!: Partnerships Leading the Global Economy, McConnell International in collaboration with WITSA.

Mcnurlinc Barbar , JRsprague H . Ralf (2004). " information system management in practice " prentice hall.

Michael Minges, Counting the Net: Internet Access Indicators, International Telecommunication Union, Switzerland. Also available at(http://www.isoc.org./isoc/conference/inet/00/cdproceedings/8e/8e_1htm)

Miles, R. E and snow , C . C " organization: new concept for new forms . California management Review , 28 (1986).

Miller, K. D. (2005). "The Problem of Method and the Practice of Management Research." In D. J. Ketchen, Jr., & D. D. Bergh (Eds.), Research Methodology in Strategy and Management, vol. 2: 143-177. Amsterdam, The Netherlands: Elsevier

Oliva, Ralph.A, (2002). "Framework For Success" Marketing Management, vol 11 No (1) .

Ramanujam, V. and Venkatraman, N. (1987). 'Planning system characteristics and planning effectiveness'. Strategic Management Journal.

Robins, J., and M. Wiersema. (1995). "A Resource-Based Approach to the Multi-Business Firm: Empirical Analysis of Portfolio Inter-Relationships and Corporate Financial Performance," Strategic Management Journal.

Thomas. H, (1993). "Special Issue Perspective On Theory Building In Strategic Management" Journal Of Management Studies, vol 30 No (1)

UNCTAD, E-commerce and Development Report 2002 (internet version prepared by the UNCTAD secretariat), United Nation, New York and Geneva, 2001.

United Nation, E-commerce and Development Report (2001),: Trends and Executive Summary, Internet version prepared by UNCTAD secretariat, United Nation, New York

Westerman, George. (2002). "Mixing Bricks and Clicks: Organization Designs for B2CE – commerce in incumbent Retailers Cisr working paper.

OECD, Measuring Electronic Commerce: Main points, available from:

Ohamas. K, (1983). " Tried Power : The Coming Shape Of Global Competitition " Free Press , New York.

Parter, M.E.(2001). "Strategy and the Internet ." Harvard Business Review, P.245

Penelope ,O.(2002)."An Enhanced Response to customer demand " financial times , June 19 ,11

Philip kotler. Gray Armstrong. (2000). Principles of Marketing. 8th Edition . Prentice hall of India private limited . New Delhi –p.334

Philip Kotler. (1997). Marketing Management: Analysis. Planning. Implementation and Control , Edition . Prentice hall. Inc . New Jerscy. 1997.

Porter, M. E (1986). "Competition in global industries Boston , MA : Harvard Business school press.

Porter, ME (1996). What is a strategy? Harvard Business Review (November-December).

Robbins, S. P., & Cenzo, D.A., (1995). Fundamentals of management. Englewood

Robert. D, Galliers and Dorothy E . leidner (2003)" strategic information management " challenges and strategies in managing information system , Butter worth Heinemann press.

Roger Clarke (2000). "Electronic Commerce Definitions" Department of Computer Science, Australian National University.

Roger Clarke (2001). "Electronic Data Interchange (EDI): An introduction" Department of Computer Science, Australian National University.

Sadeh, N, (2002). Mobile Commerce : New Technologies, Services and Business Model . New York: john Willy and sons

Salouer, G. (2001). Creating and Capturing value : Perspective and Cases on E-commerce . New York : Wiley .

Shaun Lake (2000)."E-Commerce and LDCs Challenges for enterprises and governments" a paper prepared for UNCTAD Regional meeting on electronic commerce and development, Kathmandu, Nepal 30-31 May 2000.

Tapscott, D., Alowry and D. T I coll eds .(1998). Blueprint to the Digital Economy wealth creation in the era of E- Business- newyork I MCGraw hill .

Timmer, P (1999).Electronic Commerce. New York :Wiley

Turban, E, et al, (2000). Electronic commerce , New Jersey, person education ,prentice hall

Turban, E, et al, (2000) Electronic commerce, hewjersey, person education, prentice hall.

Turban, E, et al, (2000). Electronic commerce , New Jersey , person education ,prentice hall .

Turban, Efraim, & Mclecan, Ephraim & Wetherbe, James, (1999), Information Technology for Management, John wiley & Sons, New York, USA.

ب - الدوريات

Bakos, j.j (1991) "A Strateyic analysis of electramc marketplace" Mis Quarterly 15, no, 3.

Barbara M. et al (2000) "Government Statistics: E-Commerce and Electronic Economy" a paper prepared for presentation to the Federal Economic Statistic, Advisory Committee (FESAC), 15.

Bromiley, P., Miller, K. D., & Rau, D. (2001). "Risk in Strategic Management Research." In M. A. Hitt, R. E. Freeman, & J. S. Harrison (Eds.), The Blackwell Handbook of Strategic Management: 259-288. Malden, Massachusetts: Blackwell

Caroline Freund and Diana Weinhold(2002) , The Internet and International Trade in Services, American Economic Association (Papers and Proceedings).

Commerce net, (2000). "Barriers to Electronic commerce, study ."Commerce net ,2000, commerc.net / research / barriers -inhibitors/ 2000/ barries 2000

El- Kahal, Sonia, (2001)" The strategic process "Business in the Asia Pacific, vol 1.

Foster-Fishman, P. G. and Keys, C. B. (1995). "The Inserted Pyramid" How a Well-Meaning Attempt to Initate Employee Empowerment Ran Afoul of the Aulture of Public Bureaucracy". Academy of Management Journal Best Papers Proceefing 1995.

Wilson, Keathen, (1996), "Use Of Computer–Based Management Information System In Public Organizations: The Case Of The City Of Richmond", Dissertation Abstracts International, Vol. 56, No. 10, April p, 4049-A

الملاحق

ملحق رقم (1)

قانون المعاملات الإلكترونية رقم 85 لسنة 2001

مادة -1-

يسمى هذا القانون (قانون المعاملات الإلكترونية لسنة 2001) ويعمل به بعد ثلاثة أشهر من تاريخ نشره في الجريدة الرسمية.

مادة -2-

يكون للكلمات والعبارات التالية حيثما وردت في هذا القانون المعاني المخصصة لها أدناه ما لم تدل القرينة على غير ذلك:

المعاملات: إجراء، أو مجموعة من الإجراءات، يتم بين طرفين أو أكثر لإنشاء التزامات على طرف واحد أو التزامات تبادلية بين أكثر من طرف ويتعلق بعمل تجاري أو التزام مدني أو بعلاقة مع أي دائرة حكومية.

المعاملات الإلكترونية: المعاملات التي تنفذ بوسائل إلكترونية.

الإلكتروني: تقنية استخدام وسائل كهربائية أو مغناطيسية أو ضوئية أو الكترومغناطيسية أو أي وسائل مشابهة في تبادل المعلومات وتخزينها.

المعلومات: البيانات والنصوص والصور والأشكال والأصوات والرموز وقواعد البيانات وبرامج الحاسوب وما شابه ذلك.

تبادل البيانات الإلكترونية: نقل المعلومات إلكترونيا من شخص إلى آخر باستخدام نظم معالجة المعلومات.

رسالة المعلومات: المعلومات التي يتم إنشاؤها أو إرسالها أو تسلمها أو تخزينها بوسائل إلكترونية أو بوسائل مشابهة بما في ذلك تبادل البيانات إلكترونية أو البريد الإلكتروني أو البرق أو التلكس أو النسخ البرقي.

السجل الإلكتروني: القيد أو العقد أو رسالة المعلومات التي يتم إنشاؤها أو إرسالها أو تسلمها أو تخزينها بوسائل إلكترونية.

العقد الإلكتروني: الاتفاق الذي يتم انعقاده بوسائل إلكترونية، كليا أو جزئيا.

التوقيع الإلكتروني: البيانات التي تتخذ هيئة حروف أو أرقام أو رموز أو إشارات أو غيرها وتكون مدرجة بشكل إلكتروني أو رقمي أو ضوئي أو أي وسيلة أخرى مماثلة في رسالة معلومات أو مضافة عليها أو مرتبطة بها ولها طابع يسمح بتحديد هوية الشخص الذي وقعها ويميزه عن غيره من اجل توقيعه وبغرض الموافقة على مضمونه.

نظام معالجة المعلومات: النظام الإلكتروني المستخدم لإنشاء رسائل المعلومات أو إرسالها أو تسلمها أو معالجتها أو تخزينها أو تجهيزها على أي وجه آخر.

الوسيط الإلكتروني: برنامج الحاسوب أو أي وسيلة إلكترونية أخرى تستعمل من اجل تنفيذ إجراء أو الاستجابة لإجراء بقصد إنشاء أو إرسال أو تسلم رسالة معلومات دون تدخل شخصي.

المنشئ: الشخص الذي يقوم، بنفسه أو بواسطة من ينيبه، بإنشاء أو إرسال رسالة المعلومات قبل تسلمها وتخزينها من المرسل إليه.

المرسل إليه: الشخص الذي قصد المنشئ تسليمه رسالة المعلومات.

إجراءات التوثيق: الإجراءات المتبعة للتحقق من ان التوقيع الإلكتروني او السجل الإلكتروني قد تم تنفيذه من شخص معين، او لتتبع التغيرات والأخطاء التي حدثت في سجل إلكتروني بعد إنشائه بما في ذلك استخدام وسائل التحليل للتعرف على الرموز والكلمات والأرقام وفك التشفير والاستعادة العكسية وأي وسيلة أو إجراءات أخرى تحقق الغرض المطلوب.

شهادة التوثيق: الشهادة التي تصدر عن جهة مختصة مرخصة أو معتمدة لإثبات نسبة توقيع إلكتروني إلى شخص معين استنادا إلى إجراءات توثيق معتمدة.

رمز التعريف: الرمز الذي تخصصه الجهة المرخصة أو المعتمدة لتوثيق العقود الإلكترونية للشخص المعني لاستعماله من المرسل إليه من اجل تمييز السجلات الصادرة عن ذلك الشخص من غيرها.

المؤسسة المالية: البنك المرخص أو المؤسسة المالية المصرح لها بالتعامل بالتحويلات المالية وفق أحكام القوانين النافذة.

القيد غير المشروع: أي قيد مالي على حساب العميل نتيجة رسالة إلكترونية أرسلت باسمه دون علمه أو موافقته أو دون تفويض منه.

أحكام عامة

مادة-3-

أ.	يهدف هذا القانون إلى تسهيل استعمال الوسائل الإلكترونية في إجراء المعاملات وذلك مع مراعاة أحكام أي قوانين أخرى ودون تعديل أو إلغاء لأي من هذه الأحكام.

ب.	يراعى عند تطبيق أحكام هذا القانون قواعد العرف التجاري الدولي ذات العلاقة بالمعاملات الإلكترونية ودرجة التقدم في تقنية تبادلها.

مادة-4-

تسري أحكام هذا القانون على ما يلي:

أ.	المعاملات الإلكترونية والسجلات الإلكترونية والتوقيع الإلكتروني وأي رسالة معلومات إلكترونية.

ب.	المعاملات الإلكترونية التي تعتمدها أي دائرة حكومية أو مؤسسة رسمية بصورة كلية أو جزئية.

مادة-5-

أ.	تطبق أحكام هذا القانون على المعاملات التي يتفق أطرافها على تنفيذ معاملاتهم بوسائل إلكترونية ما لم يرد فيه نص صريح يقضي بغير ذلك.

ب.   لمقاصد هذه المادة لا يعتبر الاتفاق بـين أطراف معينـة عـلى إجراء معـاملات محددة بوسائل إلكترونية ملزما لإجراء معاملات أخرى بهذه الوسائل.

مادة-6-

لا تسري أحكام هذا القانون على ما يلي:

أ.   العقود والمستندات والوثائق التي تنظم وفقا لتشريعات خاصة بشكل معـين او تتم بإجراءات محددة ومنها:

1. إنشاء الوصية وتعديلها.

2. إنشاء الوقف وتعديل شروطه.

3. معاملات التصرف بـالأموال غـير المنقولـة بمـا في ذلك الوكـالات المتعلقـة بهـا وسندات ملكيتها وإنشاء الحقوق العينية عليها باستثناء عقود الإيجار الخاصة بهذه الأموال.

4. الوكالات والمعاملات المتعلقة بالأحوال الشخصية.

5. الإشعارات المتعلقـة بإلغـاء أو فسـخ عقـود خـدمات الميـاه والكهربـاء والتـامين الصحي والتامين على الحياة.

6. لوائح الدعاوى والمرافعات وإشعارات التبليغ القضائية وقرارات المحاكم.

ب.   الأوراق المالية إلا ما تنص عليه تعليمات خاصة تصـدر عـن الجهـات المختصـة

استنادا لقانون الأوراق المالية النافذ المفعول.

السجل والعقد والرسالة والتوقيع الإلكتروني

مادة-7-

أ.   يعتبر السـجل الإلكـتروني والعقـد الإلكـتروني والرسـالة الإلكترونيـة والتوقيـع الإلكتروني منتجا للآثار القانونية ذاتها المترتبـة عـلى الوثائق والمستندات الخطيـة والتوقيع الخطي بموجب أحكام التشريعات النافدة من حيث إلزامها لأطرافها أو صلاحيتها في الإثبات.

ب.   لا يجوز إغفال الأثر القانوني لأي مـما ورد في الفقـرة (أ) مـن هـذه المـادة لأنهـا أجريت بوسائل إلكترونية شريطة اتفاقها مع أحكام هذا القانون.

مادة-8-

أ.   يستمد السجل الإلكتروني أثره القانوني ويكـون لـه صفة النسخة الأصلية إذا توافرت فيه مجتمعة الشروط التالية:

1. أن تكون المعلومات الواردة في ذلك السجل قابلة للاحتفاظ بها وتخزينها بحيـث يمكن، في أي وقت، الرجوع إليها.

2. إمكانية الاحتفاظ بالسجل الإلكتروني بالشكل الذي تم به إنشاؤه أو إرسـاله أو تسلمه أو بأي شكل يسهل به إثبـات دقة المعلومـات التـي وردت فيـه عند إنشائه أو إرساله أو تسلمه.

3. دلالة المعلومات الواردة في السجل على مـن ينشـاه أو يتسـلمه وتاريخ ووقـت إرساله وتسلمه.

ب. لا تطبق الشروط الواردة في الفقرة (أ) من هذه المادة علـى المعلومـات المرافقـة للسجل التي يكون القصد منها تسهيل إرساله وتسلمه.

ج. يجوز للمنشئ أو المرسل إليه إثبات الشروط الـواردة في الفقـرة (أ) مـن هـذه المادة بواسطة الغير.

مادة-9-

أ. إذا اتفقت الأطراف على إجراء معاملة بوسائل إلكترونية يقتضي التشريع الخاص بهذه المعاملة تقديم المعلومات المتعلقة بها أو إرسالها أو تسـليمها إلى الغير بوسـائل خطيـة فيجوز لهذه الغاية اعتبار إجرائها بوسائل إلكترونية متفقا مع متطلبـات تلك التشـريعات إذا كان المرسل إليه قادرا على طباعـة تلك المعلومات وتخزينها والرجـوع إليهـا في وقـت لاحـق بالوسائل المتوافرة لديه.

ب. إذا حـال المرسـل دون إمكانيـة قيـام المرسـل إليـه بطباعـة السـجل الإلكـتروني وتخزينه والاحتفاظ به يصبح هذا السجل غير ملزم للمرسل إليه.

-10-مادة

أ.   إذا استوجب تشريع نافذ توقيعا على المستند أو نص على ترتيب اثر على خلـوه
من التوقيع فان التوقيع الإلكتروني على السجل الإلكتروني يفي بمتطلبات ذلك التشريع.

ب.   يتم إثبات صحة التوقيع الإلكتروني ونسبته إلى صاحبه إذا توافرت طريقـة
لتحديد هويته والدلالة على موافقته على المعلومات الواردة في السجل الإلكتروني الذي يحمـل
توقيعه إذا كانت تلك الطريقـة مـما يعـول عليهـا لهـذه الغايـة في ضوء الظروف المتعلقـة
بالمعاملة بما في ذلك اتفاق الأطراف على استخدام تلك الطريقة.

-11-مادة

إذا استوجب تشريع نافذ الاحتفاظ بمستند لغايات التوثيق أو الإثبات أو التدقيق أو أي غرض
آخر مماثل يجوز الاحتفاظ بسجل إلكتروني لهذه الغاية، إلا إذا نـص في تشريـع لاحـق عـلى وجـوب
الاحتفاظ بالسجل خطيا.

-12-مادة

يجوز عدم التقيد بأحكام المواد من (7- 11) من هذا القانون في أي من الحالات التالية:

أ.   إذا كان تشريع نافذ يقتضي إرسال أو تقديم معلومات معينة بصورة خطيـة إلى
شخص ذي علاقة وأجاز هذا التشريع الاتفاق على غير ذلك.

ب.   إذا اتفق على إرسال أو توجيه معلومات معينة بالبريد الممتاز أو السريع أو بالبريد العادي.

مادة-13-

تعتبر رسالة المعلومات وسيلة من وسائل التعبير عن الإرادة المقبولة قانونا لإبداء الإيجاب أو القبول بقصد إنشاء التزام تعاقدي.

مادة-14-

تعتبر رسالة المعلومات صادرة عن المنشئ سواء صدرت عنه ولحسابه أو بوساطة وسيط إلكتروني معد للعمل اتوماتيكيا بوساطة المنشئ أو بالنيابة عنه.

مادة-15-

أ.   للمرسل إليه أن يعتبر رسالة المعلومات صادرة عن المنشئ وان يتصرف على هذا الأساس في أي من الحالات التالية:

1. إذا استخدم المرسل إليه نظام معالجة معلومات سبق أن اتفق مع المنشئ على استخدامه لهذا الغرض للتحقق من أن الرسالة صادرة عن المنشئ.

2. إذا كانت الرسالة التي وصلت للمرسل إليه ناتجة من إجراءات قام بها شخص تابع للمنشئ أو من ينوب عنه ومخول بالدخول إلى الوسيلة الإلكترونية المستخدمة من أي منهما لتحديد هوية المنشئ.

ب.   لا تسري أحكام الفقرة (أ) من هذه المادة على أي من الحالتين التاليتين:

1. إذا استلم المرسل إليه إشعارا من المنشئ يبلغه فيها أن الرسالة غير صادرة عنه فعليه أن يتصرف على أساس عدم صدورها عن المنشئ ويبقى المنشئ مسؤولا عن أي نتائج قبل الاشعار.

2. إذا علم المرسل إليه، أو كان بوسعه أن يعلم، أن الرسالة لم تصدر عن المنشئ.

مادة-16-

أ.   إذا طلب المنشئ من المرسل إليه بموجب رسالة المعلومات إعلامه بتسلم تلك الرسالة أو كان متفقا معه على ذلك، فان قيام المرسل إليه بإعلام المنشئ بالوسائل الإلكترونية أو بأي وسيلة أخرى أو قيامه بأي تصرف أو إجراء يشير إلى انه قد استلم الرسالة يعتبر استجابة لذلك الطلب أو الاتفاق.

ب.   إذا علق المنشئ اثر رسالة المعلومات على تسلمه إشعار من المرسل إليه بتسلم تلك الرسالة، تعامل الرسالة وكأنها لم تكن إلى حين تسلمه لذلك الإشعار.

ج.   إذا طلب المنشئ من المرسل إليه إرسال إشعار بتسلم رسالة المعلومات ولم يحدد أجلا لذلك ولم يعلق اثر الرسالة على تسلمه ذلك الإشعار فله، في حالة عدم تسلمه الإشعار خلال مدة معقولة، أن يوجه

إلى المرسل إليه تذكيرا بوجوب إرسال الإشعار خلال مدة محددة تحت طائلة اعتبار الرسالة ملغاة إذا لم يستلم الإشعار خلال هذه المدة.

د. لا يعتبر إشعار التسلم بحد ذاته دليلا على أن مضمون الرسالة التي تسلمها المرسل إليه مطابق لمضمون الرسالة التي أرسلها المنشئ.

مادة-17-

أ. تعتبر رسالة المعلومات قد أرسلت من وقت دخولها إلى نظام معالجة معلومات لا يخضع لسيطرة المنشئ أو الشخص الذي أرسل الرسالة نيابة عنه ما لم يتفق المنشئ أو المرسل إليه على غير ذلك.

ب. إذا كان المرسل إليه قد حدد نظام معالجة معلومات لتسلم رسائل المعلومات فتعتبر الرسالة قد تم تسلمها عند دخولها إلى ذلك النظام، فإذا أرسلت الرسالة إلى نظام غير الذي تم تحديده فيعتبر إرسالها قد تم منذ قيام المرسل إليه بالاطلاع عليها لأول مرة.

ج. إذا لم يحدد المرسل إليه نظام معالجة معلومات لتسلم رسائل المعلومات فيعتبر وقت تسلم الرسالة عند دخولها لأي نظام معالجة معلومات تابع للمرسل إليه.

مادة-18-

أ. تعتبر رسالة المعلومات قد أرسلت من المكان الذي يقع فيه مقر عمل المنشئ وأنها استلمت في المكان الذي يقع فيه مقر عمل المرسل إليه،

وإذا لم يكن لأي منهما مقر عمل يعتبر مكان إقامته مقرا لعمله، ما لم يكن منشئ الرسالة والمرسل إليه قد اتفقا على غير ذلك.

ب. إذا كان للمنشئ أو المرسل إليه أكثر من مقر لأعماله فيعتبر المقر الأقرب صلة بالمعاملة هو مكان الإرسال أو التسلم، وعند تعذر الترجيح يعتبر مقر العمل الرئيس هو مكان الإرسال أو التسلم.

السند الإلكتروني القابل للتحويل

مادة-19-

أ. يكون السند الإلكتروني قابلا للتحويل إذا انطبقت عليه شروط السند القابل للتداول وفقا لأحكام قانون التجارة باستثناء شرط الكتابة، شريطة أن يكون الساحب قد وافق على قابليته للتداول.

ب. إذا أمكن استرجاع البيانات الواردة على صفحتي الشيك، يعتبر الاحتفاظ بالشيك إلكترونيا وفقا لأحكام المادة (8) من هذا القانون إجراء قانونيا.

ج. لا تسري أحكام المواد (20) و(21) و (22) و(23) و(24) من هذا القانون على الشيكات الإلكترونية إلا بموافقة من البنك المركزي تحدد أسسها بمقتضى تعليمات يصدرها لهذه الغاية.

مادة-20-

يعتبر حامل السند مخولا باستعمال الحقوق المتعلقة بالسند القابل للتحويل إذا كان نظام معالجة المعلومات المستخدم لإنشاء السند وتحويله مؤهلا لإثبات تحويل الحق في ذلك السند وعلى التحقق من شخصية المستفيد أو المحول إليه.

مادة-21-

أ.   يعتبر نظام المعالجة الإلكتروني مؤهلا لإثبات تحويل الحق في السند تطبيقا لأحكام المادة (20) من هذا القانون إذا كان ذلك النظام يسمح بإنشاء السند الإلكتروني وحفظه وتحويله وذلك بتوافر الشرطين التاليين مجتمعين:

1. إذا كانت النسخة المعتمدة من السند القابل للتحويل محددة بصورة غير قابلة للتغيير وذلك مع مراعاة احكم الفقرة (ج) من هذه المادة.

2. إذا كانت النسخة المعتمدة من السند تدل على اسم الشخص الذي تم سحب السند لمصلحته وان السند قابل للتحويل وتضمنت اسم المستفيد.

ب.   ترسل النسخة المعتمدة وتحفظ من قبل الأشخاص الذي يملك الحق فيها أو الشخص المودعة لديه لمصلحة صاحب الحق في السند.

ج. 1.   تعتمد النسخ المأخوذة عن النسخة المعتمدة التي حدث عليها تغيير أو إضافة بموافقة من الشخص الذي يملك حق التصرف في السند.

2. يؤشر على كل نسخة مأخوذة من السند بأنها معتمدة أو غير معتمدة.

3. تعرف كل نسخة مأخوذة من النسخة المعتمدة بأنها نسخة مطابقة للنسخة المعتمدة.

-مادة-22-

يعتبر حامل السند الإلكتروني صاحب الحق في سند قابل للتحويل ومخولا بجميع الحقوق والدفوع التي يتمتع بها حامل السند العادي وفقا لأي تشريع نافذا إذا كان مستوفيا لجميع شروطه وذلك ما لم يتم الاتفاق على غير ذلك.

-مادة-23-

يتمتع المدين بسند إلكتروني قابل للتحويل بالحقوق والدفوع نفسها التي يتمتع بها المدين بسند خطي قابل للتحويل

-مادة-24-

إذا اعترض شخص على تنفيذ سند إلكتروني قابل للتحويل فعلى طالب التنفيذ تقديم إثبات كاف على انه الحامل الحقيقي له، وله إثبات ذلك بإبراز

النسخة المعتمدة من السند القابل للتحويل وسجلات النشاط التجاري التي تتعلق بالسند للتحقـق من شروط السند وهوية حامله.

التحويل الإلكتروني للأموال

مادة-25-

يعتبر تحويل الأموال بوسائل إلكترونية وسيلة مقبولة لإجراء الدفع، ولا يؤثر هذا القانون بأي صورة كانت على حقوق الأشخاص المقررة بمقتضى التشريعات ذات العلاقة النافدة المفعول.

مادة-26-

على كل مؤسسة ماليـة تمارس أعمال التحويل الإلكترونـي للأمـوال وفقـا لأحكام هـذا القـانون والأنظمة الصادرة بمقتضاه الالتزام بما يلي:

أ.   التقيد بأحكام قانون البنك المركزي الأردني وقانون البنوك والأنظمة والتعليـمات الصادرة استنادا لهما.

ب.   اتخاذ الإجراءات الكفيلة بتقديم خدمات مأمونة للعملاء والحفاظ علـى السريـة المصرفية.

مادة-27-

لا يعتبر العميل مسؤولا عن أي قيد غير مشروع على حسابه بواسطة التحويل الإلكتروني تـم بعد تبليغه المؤسسة المالية عن إمكانية دخول الغير إلى

حسابه أو فقدان بطاقته أو احتمال معرفة الغير لرمز التعريف المتعلـق بـه والطلـب منهـا وقـف العمل بوسيلة التحويل الإلكترونية.

مادة-28-

على الرغم مما ورد في المادة (27) من هذا القانون، يعتبر العميـل مسـؤولا عـن أي اسـتعمال غير مشروع لحسابه بوساطة تحويل إلكتروني إذا ثبت ان إهماله قد سـاهم في ذلك بصـورة رئيسـة وان المؤسسة قد قامت بواجباتها للحيلولة دون أي استعمال غير مشروع لذلك الحساب.

مادة-29-

يصدر البنك المركزي التعليمات اللازمة لتنظيم أعمال التحويل الإلكتروني للأمـوال بمـا في ذلـك اعتماد وسائل الدفع الإلكتروني واعتماد القيد الناتج عـن تحويـل غـير مشروع وإجـراءات تصـحيح الأخطاء والإفصاح عن المعلومات وأي أمور أخرى تتعلق بالأعمال المصرفية الإلكترونيـة بمـا في ذلـك المعلومات التي تلتزم المؤسسات المالية بتزويده بها.

توثيق السجل والتوقيع الإلكتروني

مادة-30-

أ.   لمقاصد التحقق من أن قيدا إلكترونيا لم يتعرض إلى أي تعديل منذ تاريخ معين، فيعتبر هذا القيد موثقا من تاريخ التحقق منه إذا تم بموجب إجراءات توثيق معتمدة او إجراءات توثيق مقبولة تجاريا أو متفق عليها بين الأطراف ذوي العلاقة.

ب.   وتعتبر إجراءات التوثيق مقبولة تجاريا إذا تم عند تطبيقها مراعاة الظروف التجارية الخاصة بأطراف المعاملة بما في ذلك:

1. طبيعة المعاملة.

2. درجة دراية كل طرف من أطراف المعاملة.

3. حجم المعاملات التجارية المماثلة التي ارتبط بها كل طرف من الأطراف.

4. توافر الإجراءات البديلة التي رفض أي من الأطراف استعمالها.

5. كلفة الإجراءات البديلة.

6. الإجراءات المعتادة لمثل هذه المعاملة.

مادة-31-

إذا تبين نتيجة تطبيق إجراءات التوثيق المستخدمة أنها معتمدة أو مقبولة تجاريا أو متفقا عليها بين الأطراف فيعتبر التوقيع الإلكتروني موثقا إذا اتصف بما يلي:

أ.   تميز بشكل فريد بارتباطه بالشخص صاحب العلاقة.

ب.   كان كافيا للتعريف بشخص صاحبه.

ج.   تم إنشاؤه بوسائل خاصة بالشخص وتحت سيطرته.

د.   ارتبط بالسجل الذي يتعلق به بصورة لا تسمح بإجراء تعديل على القيد بعد توقيعه دون إحداث تغيير في التوقيع.

مادة-32-

أ.   ما لم يثبت خلاف ذلك يفترض ما يلي:

1. أن السجل الإلكتروني الموثق لم يتم تغييره أو تعديله منذ تاريخ إجراءات توثيقه.

2. أن التوقيع الإلكتروني الموثق صادر عن الشخص المنسوب إليه، وانه قد وضع من قبله للتدليل على موافقته على مضمون السند.

ب.   إذا لم يكن السجل الإلكتروني أو التوقيع الإلكتروني موثقا فليس له أي حجية.

مادة-33-

يعتبر السجل الإلكتروني أو أي جزء منه يحمل توقيعا إلكترونيا موثقا سجلا موثقا بكامله أو فيما يتعلق بذلك الجزء، حسب واقع الحال، إذا تم التوقيع خلال مدة سريان شهادة توثيق معتمدة ومطابقته مع رمز التعريف المبين في تلك الشهادة.

مادة-34-

تكون شهادة التوثيق التي تبين رمز التعريف معتمدة في الحالات التالية:

أ.   صادرة عن جهة مرخصة أو معتمدة.

ب.   صادرة عن جهة مرخصة من سلطة مختصة في دولة أخرى ومعترف بها.

ج.   صادرة عن دائرة حكومية أو مؤسسة أو هيئة مفوضة قانونا بذلك.

د.   صادرة عن جهة وافق أطراف المعاملة على اعتمادها.

العقوبات

مادة-35-

يعاقب كل من يقوم بإنشاء أو نشر أو تقديم شهادة توثيق لغرض احتيالي أو لأي غـرض غـير مشروع بالحبس مدة لا تقل عن ثلاثة أشهر ولا تزيد على سنتين أو بغرامة لا تقل عن (3000) ثلاثة آلاف دينار ولا تزيد على (10000) عشرة آلاف دينار أو بكلتا هاتين العقوبتين.

مادة-36-

يعاقب كل من يقدم إلى جهة تمارس أعمال توثيق المستندات معلومات غير صحيحة بقصـد إصدار شهادة توثيق أو وقف سريانها أو إلغائها بالحبس مدة لا تقل عن شـهر ولا تزيـد علـى سـتة أشهر أو بغرامة لا تقل عن (1000) ألف دينار ولا تزيد على (5000) خمسة آلاف دينار أو بكلتا هاتين العقوبتين.

مادة-37-

تعاقب أي جهة تمارس أعمال توثيق المستندات بغرامة لا تقل عن (50000) خمسين ألف دينار إذا قامت بتقديم معلومات غير صحيحة في طلب التسجيل أو أفشت أسرار أحد عملائها أو خالفت الأنظمة والتعليمات التي تصدر استنادا إلى هذا القانون.

مادة-38-

يعاقب كل من يرتكب فعلا يشكل جريمة بموجب التشريعات النافذة بواسطة استخدام الوسائل الإلكترونية بالحبس مدة لا تقل عن ثلاثة أشهر ولا تزيد على سنة أو بغرامة لا تقل عن (3000) ثلاثة آلاف دينار ولا تزيد على (10000) عشرة آلاف دينار أو بكلتا هاتين العقوبتين، ويعاقب بالعقوبة الأشد إذا كانت العقوبات المقررة في تلك التشريعات تزيد على العقوبة المقررة في هذا القانون.

أحكام ختامية

-مادة-39-

تحدد بمقتضى قرارات يصدرها مجلس الوزراء الجهات المكلفة بمتابعة تطبيق أحكام هذا القانون والمهام المنوطة بأي منها.

-مادة-40-

يصدر مجلس الوزراء الأنظمة اللازمة لتنفيذ أحكام هذا القانون بما في ذلك ما يلي:

أ.   الرسوم التي تستوفيها أي دائرة حكومية أو مؤسسة رسمية مقابل إجراء المعاملات الإلكترونية.

ب.   الإجراءات المتعلقة بإصدار شهادات التوثيق والجهة المختصة بذلك والرسوم التي يتم استيفاؤها لهذه الغاية.

-مادة-41-

رئيس الوزراء والوزراء مكلفون بتنفيذ أحكام هذا القانون.

2001/12/11

فهرس المحتويات